Märkische Umfahrt

Rundtour zwischen Spreewald und Berlin

KANU KOMPAKT

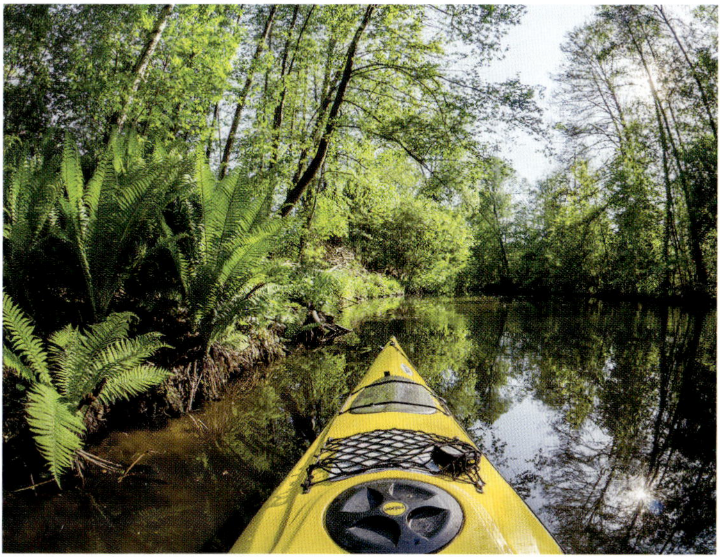

Impressum

3. aktualisierte Auflage 2022
©2013 **THOMAS KETTLER VERLAG**
Von-Hutten-Str. 15
D-22761 Hamburg
Tel. +49 (40) 39 10 99 10
Fax +49 (40) 390 68 20
www.thomas-kettler-verlag.de

Text: Michael Hennemann
Fotos: Michael Hennemann
Titelfoto: Auf der Müggelspree, Michael Hennemann

Lektorat & Textergänzung: Thomas Kettler
Beratung und Mitarbeit: Mike Dittrich von Albatros Outdoor, Beeskow
Lektorat Kanufahrschule: Falk Bruder

Konzept, Layout & Satz: Carola Hillmann
Wasserwanderkarten: Jübermann - Kartographie & Carola Hillmann
Umschlagkarten & Stadtpläne: StepMap, Heide Schwinn & Carola Hillmann
Illustrationen: Ann-Sophie Ränger & Carola Hillmann
Druck & Gesamtherstellung: Drukarnia Beltrani Sp. J., Krakau

Weitere Bildnachweise (o. = oben, m. = mitte, u. = unten):
Seite 7 o., 7 m., 8 o., 10 u., 21, 27: ©*Thomas Kettler*.
Seite 11, 82, 84, 87, 92 o.: ©*Albatros Outdoor Natur- & AktivReisen.*
Seite 18, 34, 65: ©*Huckleberrys® Tour*; Seite 33 o.: ©*Pia Malina Kettler.*
Seite 45: ©*Ines Arnemann/arnedesign.de*;
Seite 58: ©*Marko Manthey/Badebar Erkner*; Seite 74: ©*Waldhaus Prieros:* .
Seite 78 (Logo Hofjagdweg): ©*Tourismusverband Dahme-Seen e.V.*.

Bildnachweise Wikicommons (o. = oben, m. = mitte, u. = unten):
Seite 29: ©*Newt713;* Seite 33 u.: ©*Daniela Kloth geb. Ziebell;*
Seite 42: ©*Gottfried Hoffmann;* Seite 44: *Philipp Blank;*
Seite 78: ©*Assenmacher (Hofjagdweg);* Seite 93: ©*Michael Wolf, Penig.*

Bibliografische Information Der Deutschen Nationalbibliothek Die Deutsche Nationalbibliothek verzeichnet diese Publikation in der Deutschen Nationalbibliografie; detaillierte bibliografische Daten sind im Internet über *http://dnb.d-nb.de* abrufbar.

ISBN 978-3-98513-109-9

Inhaltsverzeichnis

Infos zum Kanufahren und zur Region

Kanutour Märkische Umfahrt

Adressen

Weiteres

Vorwort

Nahezu lautlos gleitet das Kanu durchs Wasser. Nur das beruhigende Plätschern des Paddels ist zu hören und von irgendwoher ruft ein Kuckuck. Wo sonst könnte man dem hektischen Alltag so einfach entfliehen wie auf einer Kanutour?

Die Märkische Umfahrt, auch Spree-Dahme-Runde genannt, ist die ideale Strecke für einen ausgedehnten Paddelurlaub in Deutschland. Aufgrund des guten öffentlichen Nahverkehrsnetzes im Großraum Berlin sind selbstverständlich auch kürzere Abschnitte möglich und wer möchte, kann die Tour dank des weitverzweigten brandenburgischen Gewässernetzes fast beliebig erweitern.

Mit einer Länge von rund 180 Kilometern zwischen Spreewald im Süden und der Metropole Berlin im Norden zeigt sich die Tour außergewöhnlich vielfältig. So warten unterwegs feudale Villen vor denen stattliche Motoryachten vertäut am Ufer liegen ebenso, wie kleinere und größere Seen oder schmale, verträumte Flussmäander die nur Paddlern vorbehalten bleiben.

Die Infrastruktur entlang der gesamten Strecke ist vorbildlich. Mehrere kompetente Kanuvermieter stehen mit Rat und Tat zur Seite und ermöglichen das Kanuwandern auch ohne eigene Ausrüstung. Für die urige Übernachtung wurden vielerorts einfache Wasserwanderrastplätze angelegt, auf denen man das Zelt aufschlagen darf, oft sogar kostenlos. Wer es lieber komfortabler mag, findet ausreichend Hotels und „richtige" Campingplätze. Die Frage wie man zum Fahrzeug zurückkommt entfällt, denn der Rundkurs führt wieder zum Startpunkt – Paddlerherz, was willst Du mehr?

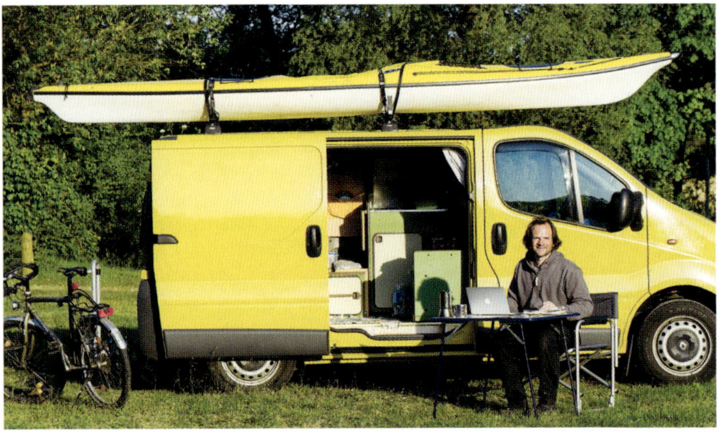

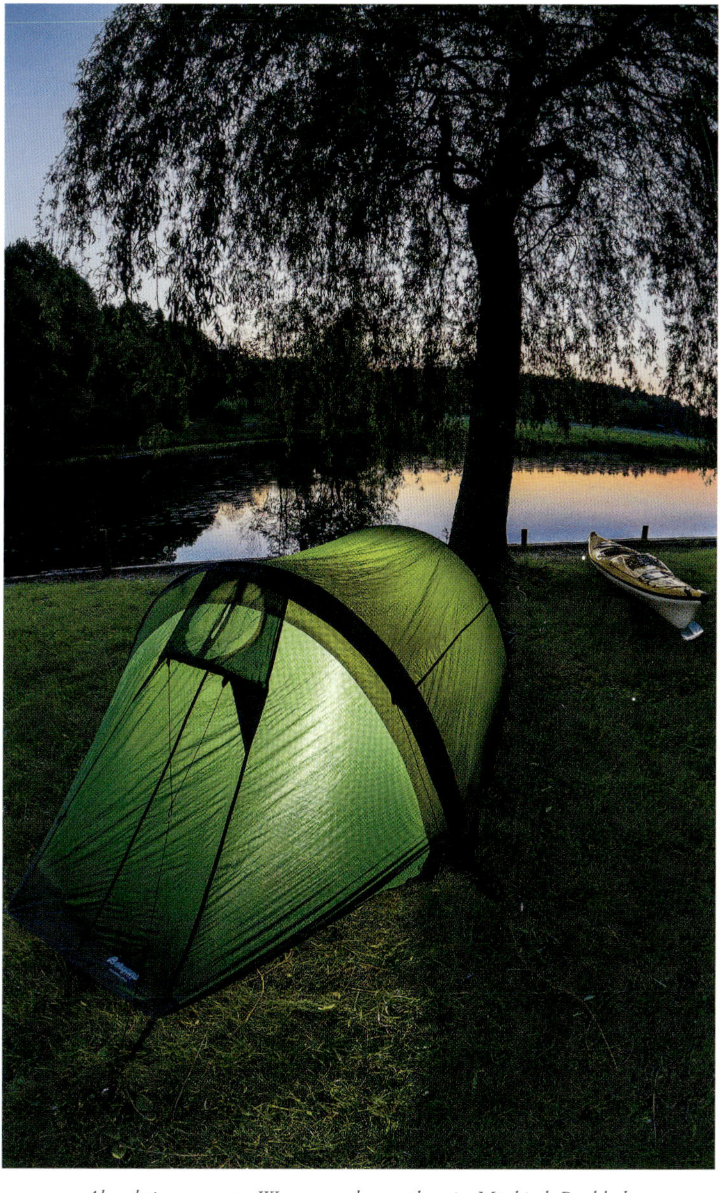

Abendstimmung am Wasserwanderrastplatz in Märkisch Buchholz

Kanu & Ausrüstung

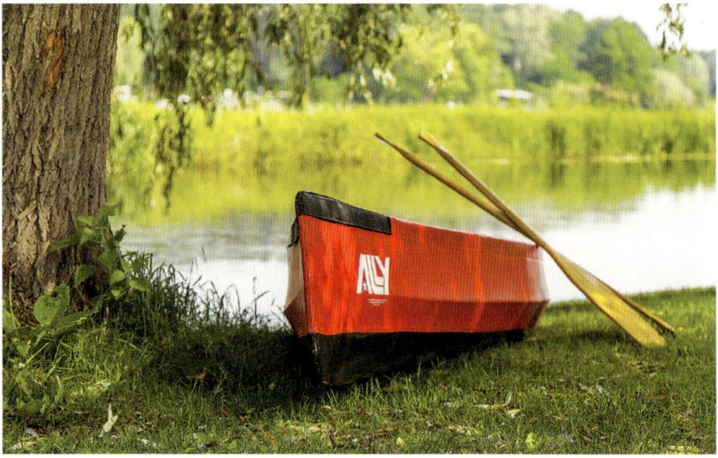

Ein Falt-Canadier bietet viel Platz und um ihn zu verstauen, reicht ein größerer Karton

Das Kanu

Kanu ist der Oberbegriff für alle Boote ohne befestigtes Ruder, also sowohl Canadier als auch Kajaks. Der **Canadier** eignet sich insbesondere für Wandertouren und bietet mehreren Personen mit Gepäck Platz. Er wird mit dem Stechpaddel bedient und ist offen.

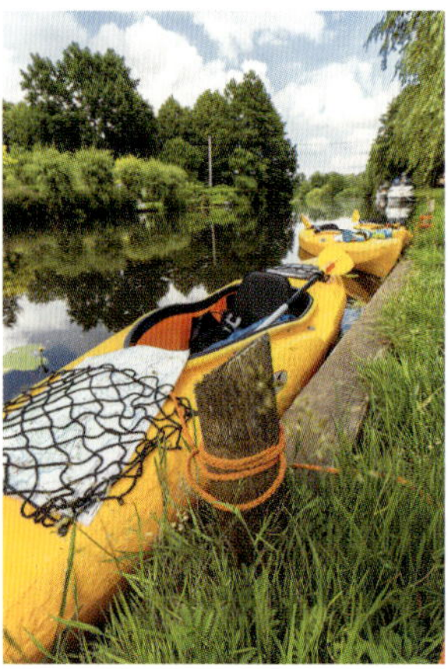

Ein **Kajak**, bis auf eine Sitzluke geschlossen, wird mit einem Doppelpaddel gefahren und ist meist wendiger und schneller als ein Canadier. Wegen seines windschlüpfrigen Verhaltens ist ein Kajak für das Befahren von größeren Seen und Wanderflüssen besonders geeignet. Der Nachteil liegt darin, dass die Zuladung beschränkt, das Ein- und Aussteigen umständlich und die Sitzposition, anders als beim Canadier, durch die Bauweise vorgegeben ist. Kajaks gibt es generell für ein oder zwei Personen, während im Canadier auch eine vierköpfige Familie Platz findet.

Der **Canadier** besticht durch sein großzügiges Raumangebot und das einfache Beladen, Ein- und Aussteigen; Kinder können sich in ihm freier bewegen. Auch für den, der das Kanu durch ein Stechpaddel antreibt, bieten sich im Sitzen mit angewinkelten oder gestreckten Beinen oder kniend variantenreiche Sitzpositionen, die ein ermüdungsfreieres Paddeln ermöglichen. Die größere Kippstabilität wird vom Anfänger als angenehm empfunden. Sein Nachteil liegt eindeutig bei der größeren Windanfälligkeit, dies kann aber durch eine Persenning vermindert werden.

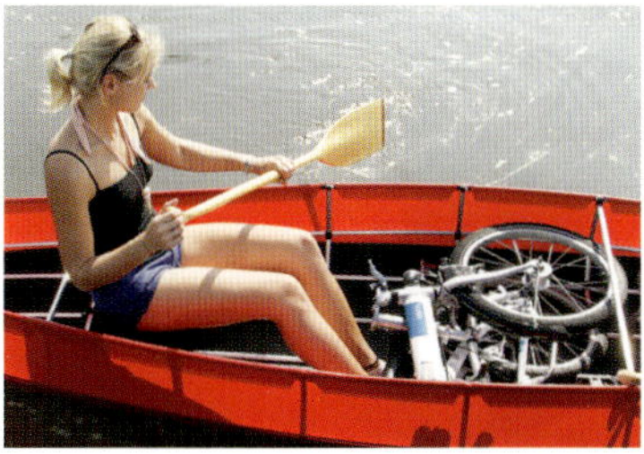

Tipp: Wer mit dem Canadier unterwegs ist und auch an Land mobil sein möchte (z.B. „Zurück zum Pkw"), sollte in Erwägung ziehen, ein Faltrad mitzunehmen. Durch optimierte Falt-Scharniere wird aus dem Fahrrad innerhalb weniger Sekunden ein kleines, handliches Paket.

Zum notwendigen Zubehör gehören:

- **Paddel.** *Doppelpaddel* für das Kajak sollten eine Länge von ca. 220-240 cm haben, während das im Canadier verwendete Stechpaddel beim Stehen bis unters Kinn reichen sollte. Für Kinder darf es ruhig etwas länger sein. Kunststoffpaddel sind zwar pflegeleichter als Holzpaddel, die aber sind vom Material her sympathischer.
- **Tipp:** Paddel- oder einfache Radhandschuhe schützen empfindliche Hände vor Blasen.

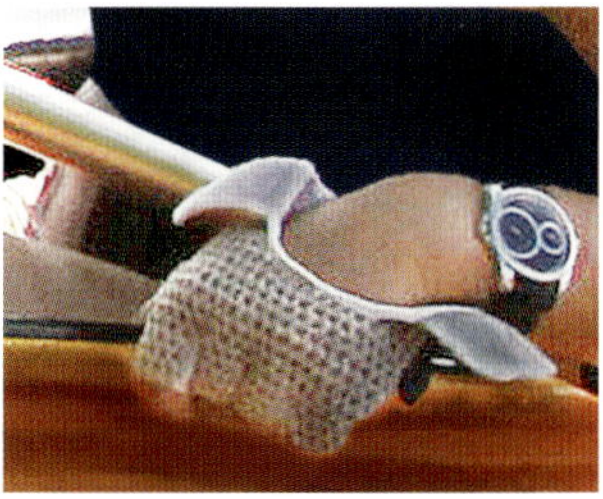

- **Reservepaddel.** Muss in jedem Kanu griffbereit, aber sicher befestigt vorhanden sein. Noch wichtiger ist dies bei Solopaddlern, da sie manövrierunfähig werden, wenn das Paddel über Bord geht.

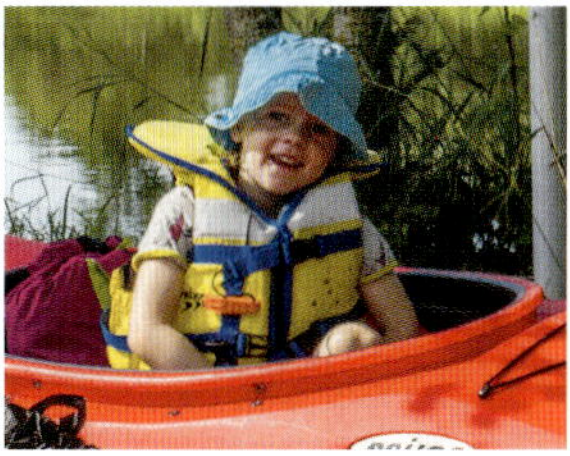

- **Rettungsweste.** Kein Kind darf ohne ohnmachtssichere Rettungsweste ins Boot. Sie hat einen Kragen, der den Kopf über Wasser hält und so wirklich vor dem Ertrinken schützt.
- **Schwimmweste.** Jeder Erwachsene sollte sie tragen (auch als Vorbildfunktion). Wie die Rettungsweste auch, muss

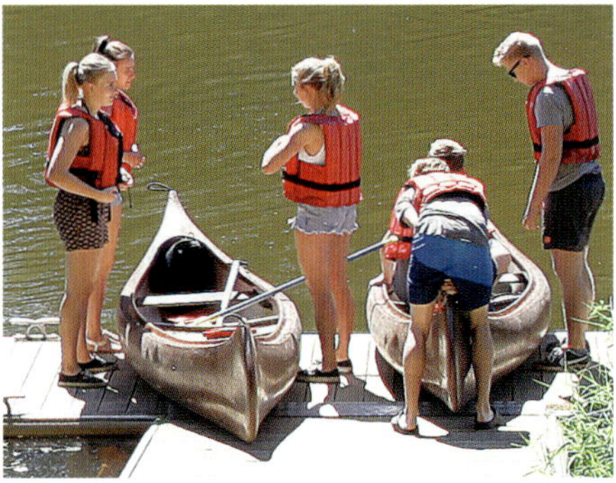

sie dem Körpergewicht des Trägers angepasst sein.

- **Wurfsack.** Zum Retten eines Schwimmers vom Ufer aus. Der Nylonbeutel mit einem Auftriebselement und etwa 20 Meter Seil ist immer dabei, egal ob Wildwasser oder Wanderfahrt.
- **Bootswagen.** Ist für längere Landtransporte unverzichtbar. Wer sich einen zulegt, sollte gleich auf gute Verarbeitung achten. Er muss stabil, das Rohrgestell verschweißt statt genietet und zusammenklappbar sein, breite Räder und eine Stütze haben, so dass er auch von nur einer Person beladen werden kann.

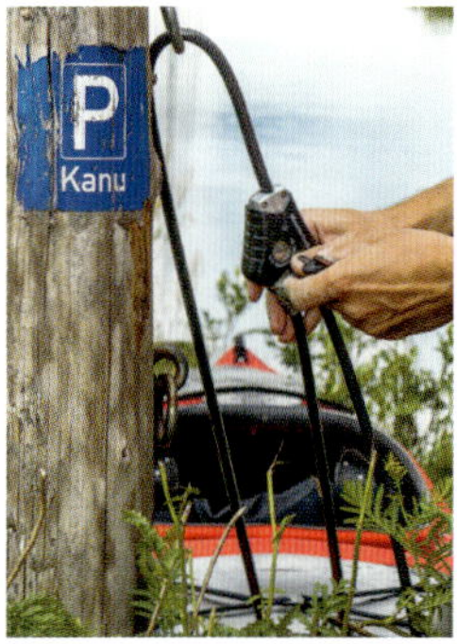

- **Praktisches:**
  Leinen zum Festmachen und Halten des Kanus. ***Spanngurte*** zum Sichern der Säcke und Tonnen. ***Schwamm*** zum Säubern und „Entwässern" des Kanus sowie ein ***Schloss*** (z. B. Spiralfahrradschloss) zum Sichern des Kanus am Ufer bei Besichtigungen / festen Unterkünften.

Mietkanu & Mitgliedschaft im Kanuverein

Zu Anfang ist es sinnvoll, sich ein Kanu zu mieten. Daher nennen wir in diesem Buch im Adressteil Kanuvermieter und Tourenveranstalter.

Idealerweise ist bei der Auswahl eines Kanuvermieters / Veranstalters darauf zu achten, dass er Mitglied im ***Bundesverband Kanu e. V.*** (BVKanu) ist. Die Mitglieder garantieren Qualität und qualifizierte Mitarbeiter, Sicherheit und fachkundige Einweisung sowie einen Einsatz für den Naturschutz im Kanutourismus. Auch das ***Qualitätssiegel QMW Kanu*** steht für besonders gute Qualität und Sicherheit bei Anbietern.

Kanufahren zeichnet sich zwar durch Individualität aus, aber nicht immer fühlt man sich alleine auf dem Wasser wohl. Die Mitgliedschaft im ***Deutschen Kanu-Verband*** (DKV), auch als nicht vereinsgebundenes Einzelmitglied, bietet, neben der Teilnahme an gemeinsamen Fahrten, dem Austausch persönlicher Erfahrungen zu Booten und Ausrüstung, auch den Vorteil preisgünstiger Übernachtungen in den ***DKV-Kanustationen***.

Die Ausrüstung

Es gibt kein schlechtes Wetter – nur falsche Kleidung! Für die in diesem Buch beschriebenen Touren benötigt man keine teure High-Tech-Kleidung, aber eine gute ***Regenjacke*** und ***-hose*** muss im Gepäck sein. Ansonsten sollte nach dem „Zwiebelprinzip" verfahren werden – mehrere leichte Kleidungsstücke übereinander ziehen. ***Fleecepullis*** mit hervorragender Isolationseigenschaft, geringem Gewicht und der Tatsache, dass sie im nassen Zustand noch wärmen, aber auch schnell trocknen, sind ideal. Eine ***Hose*** aus ***Synthetik-Baumwollgemisch*** trocknet schnell und ist geeigneter als eine Jeans. ***Schuhe*** müssen nicht schön sein, sondern vor allem fest sitzen. Am besten sind Schnür-, Sport- oder spezielle Paddlerschuhe. Für Ausflüge haben wir immer ***Wanderschuhe*** dabei.

Da die Sonneneinstrahlung auf Wasserflächen sehr intensiv ist, darf ein ***Kopf-Sonnenschutz*** und eine ***Sonnenbrille*** nicht fehlen.

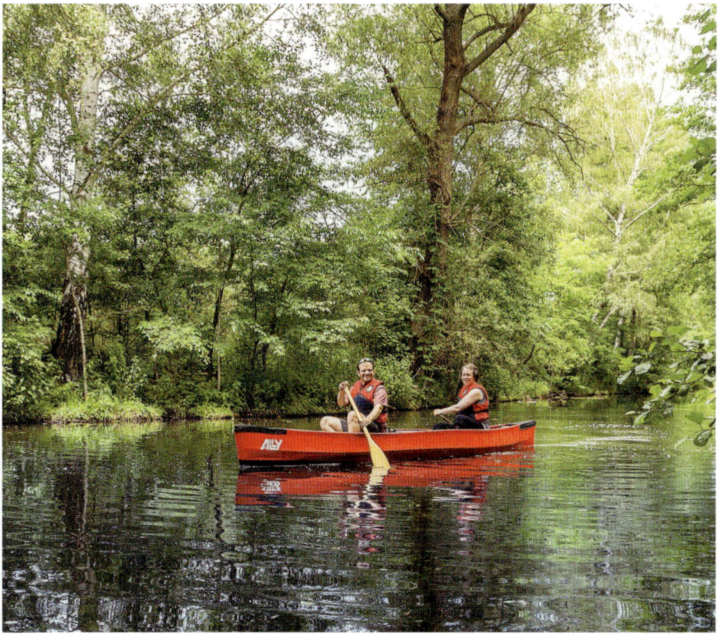

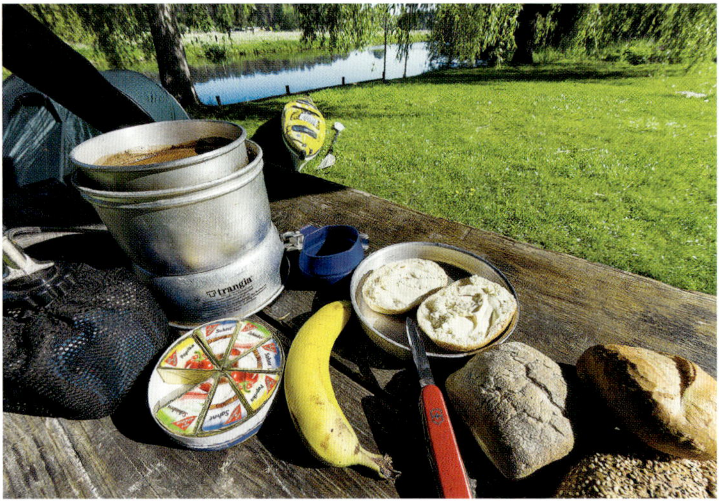

Mit einer einfachen, aber funktionalen Küchenausstattung kommt man immer zurecht – egal ob es das heiße Süppchen oder eine aufwändigere Mahlzeit ist

Die hier beschriebene Ausrüstung findet Platz in wasserdichten ***Weithals-Tonnen*** mit Schraubdeckel sowie wasserdichten (optimalerweise transparenten) ***Packsäcken***, die durch einen „Roll-/Steckverschluss" wasserdicht verschlossen werden. Mehrere kleine sind idealer als wenige große!

Die meisten Kanuvermieter händigen wasserdichte Tonnen vor Antritt der Fahrt aus. Ist man jedoch mit dem eigenen Kanu unterwegs und scheut zu Anfang die für mehrere Säcke/Tonnen recht hohen Anschaffungskosten, tun es zu Beginn auch stabile Plastik- oder Müllsäcke.

Einige der hier beschriebenen Streckenabschnitte lassen sich so planen, dass mit wenig Gepäck von Gasthof zu Gasthof gepaddelt werden kann, um am Abend warm und trocken beim Abendessen im Schankraum zu sitzen. Ein ***Zelt***, ein ***Schlafsack*** und eine ***Isomatte*** sollten jedoch immer dabei sein. Denn wer weiß schon, ob er sein Tagesziel auch erreicht oder ein Gewitter die Planung über den Haufen wirft.

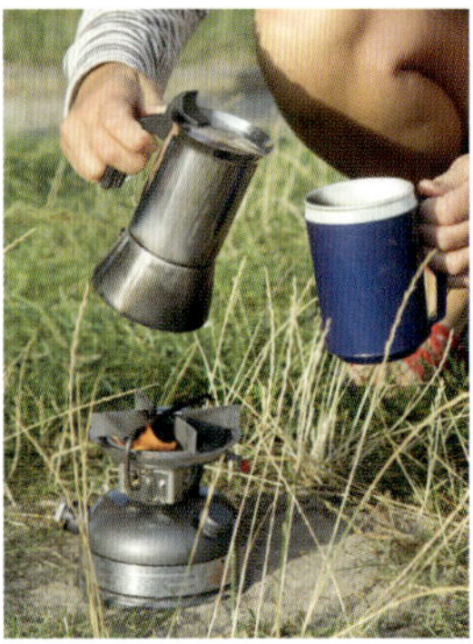

Will man nicht auf seinen morgendlichen Kaffee oder die Spaghetti am Abend verzichten, muss ein ***Campingkocher*** mit auf Tour.

Folgende Typen sind zu unterscheiden:

- ***Benzinkocher.*** Hat den höchsten Heizwert. Benzin ist überall zu bekommen und billig.
- ***Gaskocher.*** Nicht so hoher Heizwert, sauberes Verbrennen. Teure Kartuschen.
- ***Multifuel-Kocher.*** Guter Heizwert. Ist mit fast jedem Flüssigbrennstoff zu betreiben und sehr leicht.
- ***Petroleumkocher.*** Hoher Heizwert, jedoch Geruchsbelästigung, die, anders als beim Benzin, nicht „verfliegt".
- ***Spirituskocher.*** Leicht und einfach zu handhaben. Relativ geringer Heizwert.

Als ***Küchenausstattung*** empfiehlt sich ein ***Kochset***, bestehend aus drei verschieden großen, ineinander gestellten Kochtöpfen (2 L, 1,5 L, 1 L) und zwei verschieden großen Deckeln, die gleichzeitig als Pfannen dienen.

Eine ***Espressokanne*** ist für den morgendlichen Kaffee ideal. Weiterhin tiefe und flache ***Teller***, ***Besteck***, ***Wassersack***, ***Thermoskanne***, ***Thermobecher***, kleines ***Schälmesser***, ***Schneidebrett***, ***Alufolie***, ***Geschirrtuch***, ***Spülmittel*** und eine ***Faltschüssel***.

Weitere nützliche Ausrüstungsgegenstände sind ein Klappspaten, Toilettenpapier, Erste-Hilfe-Set, Waschzeug, Insektenschutz, Taschenmesser, Taschenlampe (Stirnlampe), Fernglas, Schreibutensilien, wasserdichte Kartentasche, Tagesrucksack.

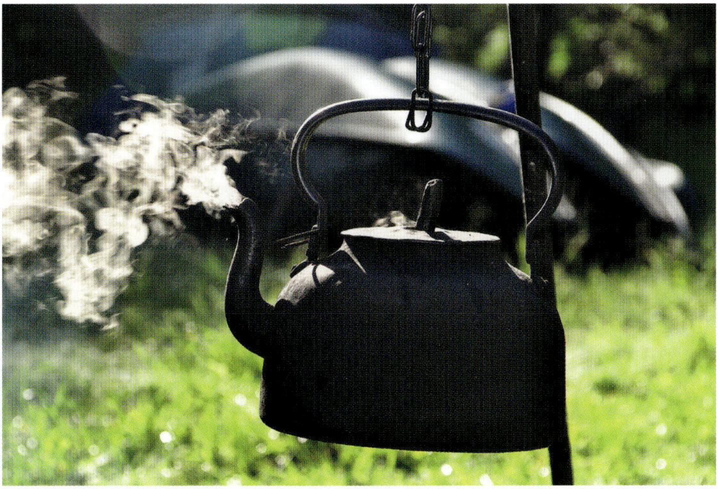

Das Kaffeewasser kocht . . .

„Kleine Kajak- & Canadier-Fahrschule"

Schlagrichtung des Paddlers 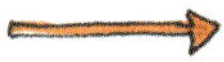 Bewegungsrichtung des Kanus 

Die beschriebenen Paddelschläge können und sollen miteinander kombiniert werden. Zur korrekten Ausführung wird das Paddel im Prinzip nicht durch das Wasser „gezogen", sondern soll annähernd stationär bleiben und das Kanu über das Wasser bewegt werden. Hierbei wird eine optimale Kraftausbeute angestrebt. Bei einem sehr gut ausgeführten Paddelschlag gibt es keine Verwirbelungen und kaum Wellen am Paddelblatt.

Kajak-Fahrschule

Allgemeines

In der Regel sind die beiden Blätter eines Doppelpaddels gegeneinander verdreht. Bei den üblichen rechtsgedrehten Paddeln umfasst die rechte Hand den Schaft so, dass das rechte Paddelblatt senkrecht ins Wasser eingetaucht werden kann. Die linke Hand umfasst den Paddelschaft nur locker und nach jedem Paddelschlag wird das Paddel mit der rechten Hand so gedreht, dass das aktive Blatt senkrecht ins Wasser gesetzt werden kann (bei linksgedrehten Paddeln gelten die Hinweise entsprechend seitenvertauscht). Stellen Sie die Fußstützen des Kajaks so ein, dass Sie bequem sitzen und gleichzeitig einen guten Bootskontakt mit den Oberschenkeln haben. Bei Kajaks mit Fußsteuerung den Abstand der Pedale so wählen, dass Sie mit leicht angewickelten Beinen im Boot sitzen und genügend Spielraum nach vorne haben, um das Pedal durchzutreten und das Steuer bewegen zu können.

Einsteigen

Kanu parallel zum Ufer ausrichten, bei starker Strömung mit dem Bug (=Bootsspitze) gegen die Strömungsrichtung. Zum Einsteigen das Boot mit der sogenannten „Paddelbrücke" stabilisieren: Paddel im rechten Winkel zum Boot über Süllrand (=Bootsrand) und Ufer oder Steg legen; mit einer

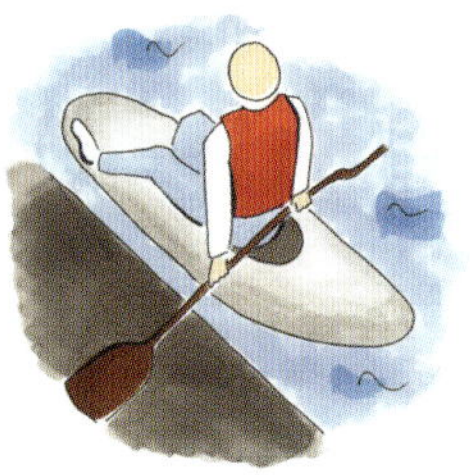

Hand Süllrand und Paddel fassen und mit der anderen Hand das Paddel aufs Ufer drücken. Zum Einsteigen das Gewicht über das Paddel verlagern und mit dem bootsseitigen Fuß zuerst einsteigen. Anschließend möglichst rasch hinsetzen, d. h. im Kajak gleich auf den Sitz rutschen, um einen tiefen Schwerpunkt zu erzielen und die Stabilität des Kanus zu erhöhen.

Spritzdecke

Spritzdecke zunächst hinter dem Körper um den Süllrand legen und von hinten nach vorne schließen; abschließend nach vorne über den Süllrand ziehen. Dabei unbedingt darauf achten, dass die Lasche vorne herausguckt, um die Spritzdecke im Falle einer Kenterung leichter öffnen zu können.

Paddelhaltung

Das Paddel in beide Hände nehmen und auf den Kopf legen. Die optimale Griffbreite ist erreicht, wenn der Winkel zwischen Ober- und Unterarm ein wenig kleiner als 90 Grad ist.

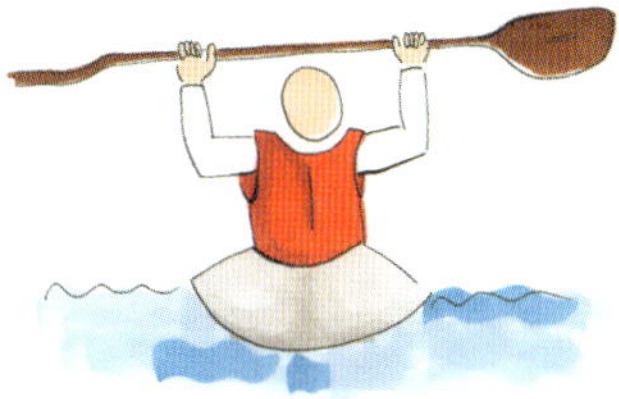

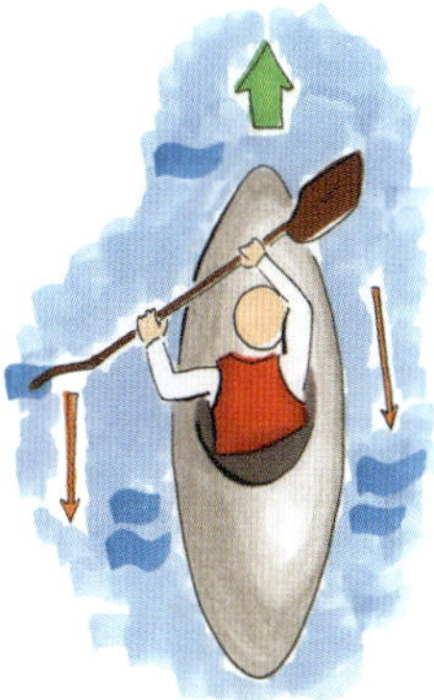

Grund- und Treibschlag

Mit leicht nach vorne gebeugtem Oberkörper Paddel vorne, dicht neben der Bootswand einsetzen. Die „Zughand" zieht das Paddel parallel am Boot entlang nach hinten, während die „Druckhand" das sich in der Luft befindliche Blatt nach vorne drückt. Die Bewegung nicht allein mit den Unterarmen ausführen, sondern zur Unterstützung bei gestrecktem Arm den Oberkörper mitdrehen. Ist das aktive Paddelblatt knapp hinter der Sitzposition, den Zug stoppen und die Seite wechseln.

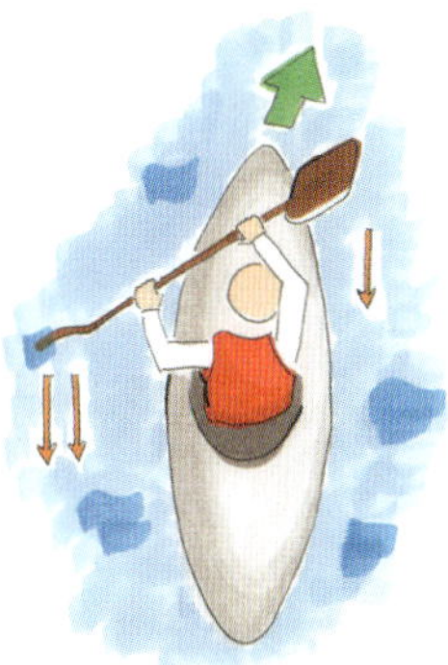

Steuern

Wird der Paddelschlag auf der linken Seite stärker ausgeführt, dreht der Bug nach rechts – und umgekehrt. So können Sie das Boot – ganz ohne die ebenfalls erhältlichen Fußsteueranlagen – auf Kurs halten. Sind starke Kursänderungen erforderlich, erreichen Sie diese mit dem Bogenschlag. Beim Ab- und Anlegen mit Kajaks die über eine Steueranlage verfügen unbedingt daran denken, das Steuer rechtzeitig einzuklappen, um es nicht zu verbiegen.

Ziehschlag

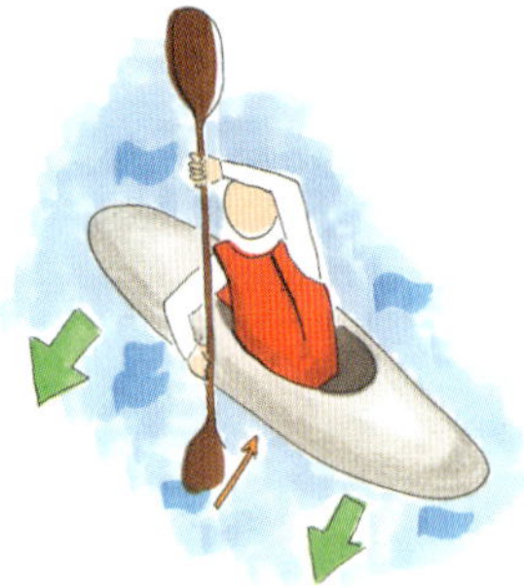

Steuerschlag, um das Boot seitlich zu versetzen; dazu das Paddelblatt möglichst weit entfernt senkrecht zur Längsachse und parallel zum Boot ins Wasser tauchen und nicht zu dicht, an die Bootswand heranziehen und nach oben aus dem Wasser nehmen. Dabei darauf achten, dass das Paddelblatt nicht unter den Bootskörper gezogen wird, da dies zum Kentern führen kann.

Bogenschlag

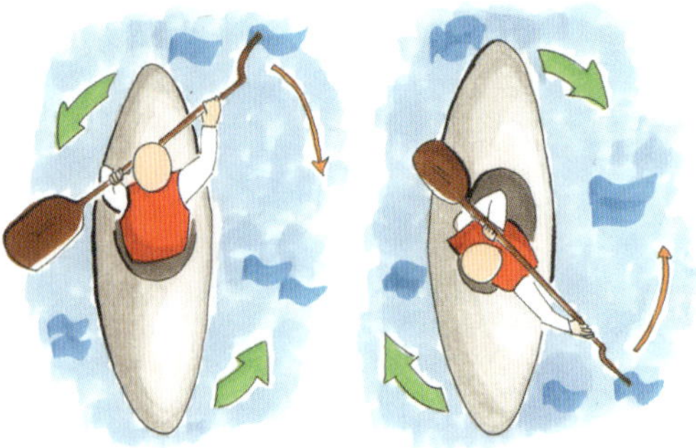

vorwärts *rückwärts*

Steuerschlag, um das Boot zu drehen: vorwärts ausgeführt, dreht er das Boot weg von der Schlagseite. Dazu das Paddel möglichst weit vorne und dicht am Boot eintauchen und das Paddelblatt flach unter der Wasseroberfläche in einem weiten Halbkreis um das Boot bis nahe ans Heck führen. Je größer der Radius, desto stärker die Steuerwirkung. Um das Kanu abzubremsen und gleichzeitig eine Kurskorrektur zur Paddelseite hin durchzuführen, können Sie den Bogenschlag rückwärts ausführen.

Paddelstütze

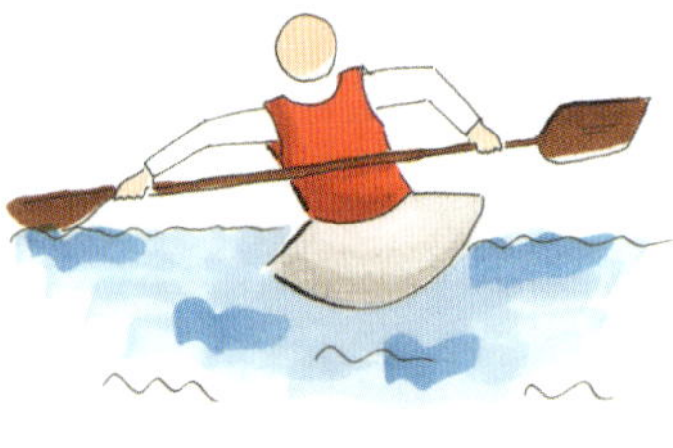

Stabilisierungsschlag, bei dem das Paddel als Ausleger genutzt wird, um das Kentern zu verhindern; dazu einfach das Paddel auf der Seite, zu der das Boot zu kippen droht, soweit wie möglich nach außen flach auf das Wasser drücken.

Canadier-Fahrschule

Allgemeines

Auf dem hinteren Sitz nimmt in der Regel der erfahrenere oder kräftigere Paddler Platz. Er gibt im Flachwasser die grobe Richtung vor, der Vordermann versucht ihn zu unterstützen. Der Vordermann gibt die Schlagzahl vor; achten Sie darauf, einen möglichst gleichmäßigen Schlagrhythmus einzuhalten, um ein „Aus-dem-Ruder-laufen" zu vermeiden. Je nach Ausdauer kann ein gelegentlicher Wechsel der Paddelseiten stattfinden, der von beiden nach Absprache gleichzeitig durchgeführt wird. Der Vordermann hat stets die Aufgabe auf Hindernisse, die direkt vor dem Canadier auftauchen, aufmerksam zu machen.

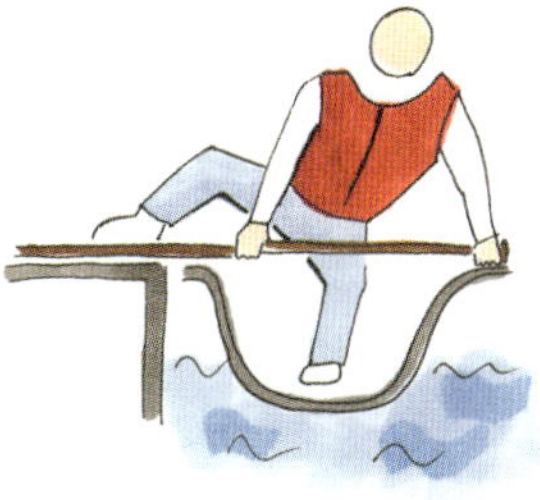

Einsteigen

Kanu parallel zum Ufer ausrichten, bei starker Strömung mit dem Bug (= Bootsspitze) gegen die Strömungsrichtung. Zum Einsteigen das Boot mit der sogenannten „Paddelbrücke" stabilisieren: Paddel im rechten Winkel zum Boot über Süllrand (= Bootsrand) und Ufer oder Steg legen; mit einer Hand Süllrand und Paddel fassen und mit der anderen Hand das Paddel aufs Ufer drücken. Zum Einsteigen das Gewicht über das Paddel verlagern und mit dem bootsseitigen Fuß zuerst einsteigen. Anschließend möglichst rasch hinsetzen oder beim Canadier auch möglich, eventuell hinknien, um einen tiefen Schwerpunkt zu erzielen und die Stabilität des Kanus zu erhöhen.

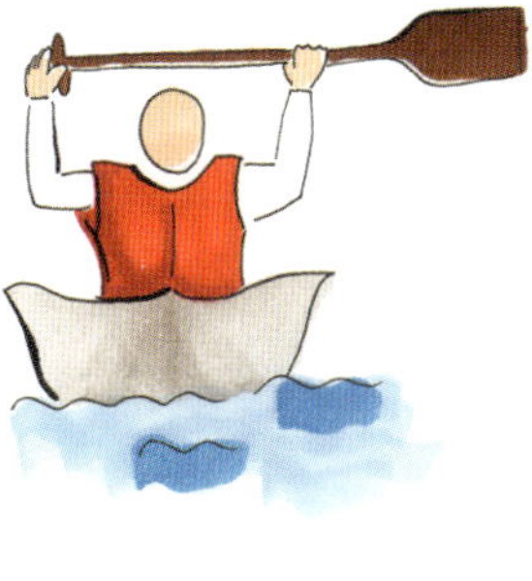

Aussteigen

Wie Einsteigen, nur in umgekehrter Reihenfolge.

Paddelhaltung

Eine Hand fasst den Paddelknauf, hierbei wird der Griff von oben wie beim Spaten umfasst. Die andere Hand umgreift den Paddelschaft, so dass Ober- und Unterarm einen Winkel von 90 Grad bilden.

Grund- und Treibschlag

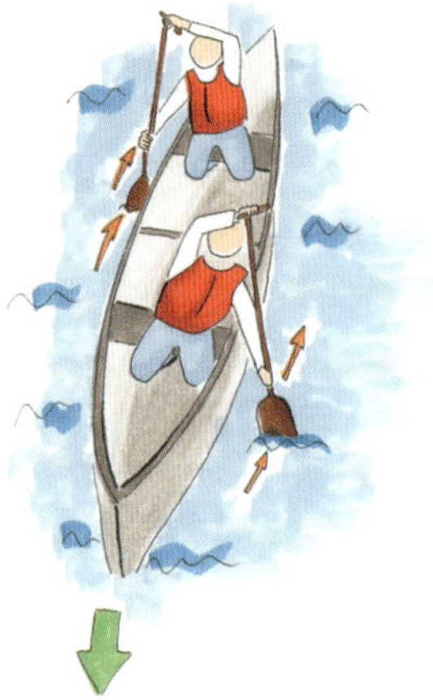

Das ganze Paddelblatt wird senkrecht ins Wasser getaucht und parallel zum Boot (in Bootslängsachse) bis etwa auf Körperhöhe durchs Wasser gezogen. Dabei wird mit dem unteren Arm gezogen, während der obere Arm drückt; gleichzeitig wird der Oberkörper etwas nach vorne geneigt und mitgedreht. Stimmen Vorder- und Hintermann ihren Grundschlag aufeinander ab, bewegt sich der Canadier kursstabil geradeaus. Paddelt nur einer, bewegt sich das Kanu der paddelabgewandten Seite zu.

Steuern oder J-Schlag (nur Hintermann)

Dabei wird das Paddel zuerst wie beim Grundschlag geführt, am Körper vorbei in einer Bogenbewegung mit der wasserverdrängenden Paddelseite vom Boot weggedrückt. Dabei zeigt der Daumen der Hand am Paddelknauf nach unten und der Handrücken nach außen. Der Vordermann kann weiterhin den Grundschlag ausführen oder die Drehbewegung mit einem Bogenschlag verstärken. Der J-Schlag ist besonders vorteilhaft für Solo-Canadier, da er das „Aus-dem-Ruder-laufen" bei der normalen Geradeausfahrt verhindert.

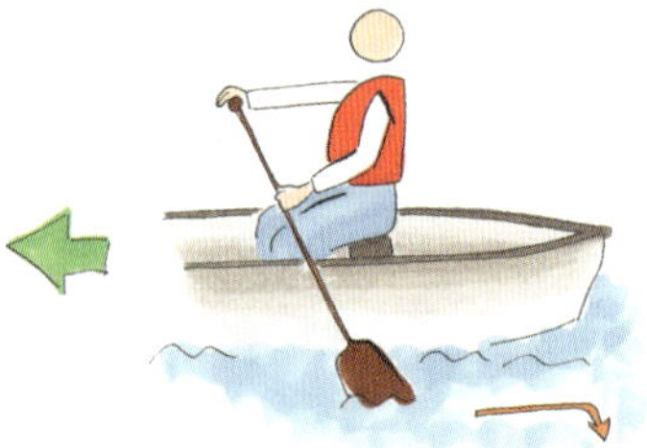

Ziehschlag

Steuerschlag, um das Boot seitlich zu versetzen; dazu das Paddelblatt möglichst weit entfernt senkrecht zur Längsachse und parallel zum Boot ins Wasser tauchen und, nicht zu dicht, an die Bootswand heranziehen und nach oben aus dem Wasser nehmen. Dabei darauf achten, dass das Paddelblatt nicht unter den Bootskörper gezogen wird, da dies zum Kentern führen kann.

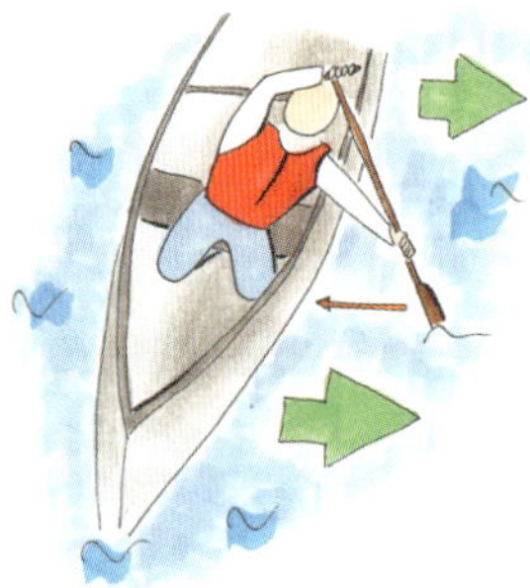

Bogenschlag

Steuerschlag, um das Boot von der Schlagseite wegzudrehen; dazu das Paddel möglichst weit vorne und dicht am Boot eintauchen und das Paddelblatt flach unter der Wasseroberfläche in einem weiten Halbkreis um das Boot bis nahe ans Heck führen. Je größer der Radius, desto stärker die Steuerwirkung. Um das Kanu abzubremsen und gleichzeitig eine Kurskorrektur zur Paddelseite hin durchzuführen, können Sie den Bogenschlag rückwärts ausführen. Um einen Zweier-Canadier auf der Stelle zu drehen, führt der Steuermann den Bogenschlag vorwärts und der Vordermann den Bogenschlag rückwärts aus (oder umgekehrt).

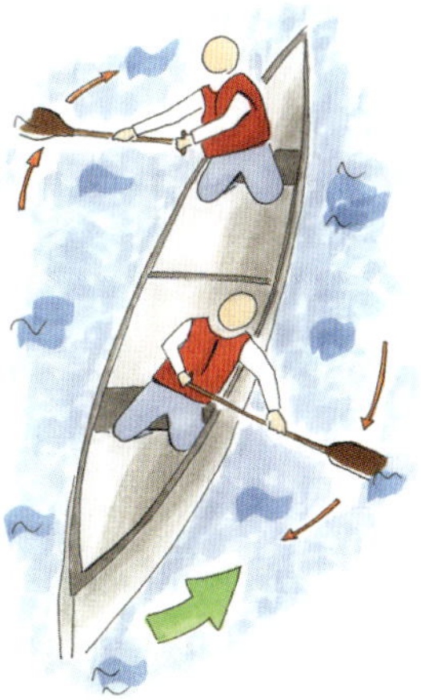

Paddelstütze

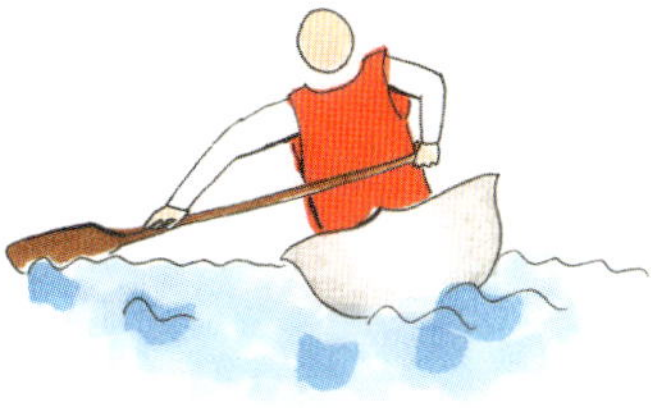

Stabilisierungsschlag, bei dem das Paddel als Ausleger genutzt wird, um das Kentern zu verhindern; dazu einfach das Paddel auf der Seite, zu der das Boot zu kippen droht, soweit wie möglich nach außen flach auf das Wasser drücken. Dieser Schlag kann sowohl im Kajak als auch im Canadier ausgeführt werden.

Kanukurse in der Region:

outdoorVAGABUNDEN (BVKanu-Lehrer), Chausseestr. 8, 15755 Teupitz OT Egsdorf, Tel. (033766) 21 42 86, www.outdoorvagabunden.de

Albatros Outdoor, Spreepark, Bertholdplatz 6, 15848 Beeskow, Tel. (033675) 72 89 61 oder 0151-41 82 33 81, www.albatros-outdoor.de

Bootsverleih Richter, Dammstraße 76 a, 03222 Lübbenau / Spreewald, Tel. (03542) 37 64, www.bootsverleih-richter.de

KanuSport Spree, Bahnhofstr.1, 15537 Grünheide OT Hangelsberg, Tel. (033632) 67 97 14, www.kanu-spree.de

Kanuladen Mating, Zauer Dorfstr. 26c, 15913 Schwielochsee, Tel. (035478) 124 58, www.kanuladen-mating.de

Urlaub auf dem Floß oder Hausboot

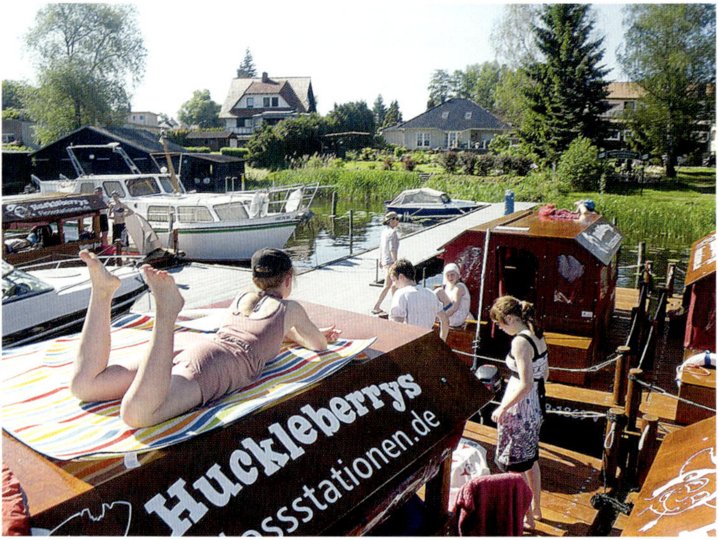

Floß-Urlaub auf den Gewässern in Brandenburg ist sehr beliebt und hat in den letzten Jahren stark zugenommen. Dafür gibt es gute Gründe: die führerscheinfreien schwimmenden Plattformen sind so gebaut, dass man bei Sonne, Wind oder Regen der Natur immer sehr nahe ist, Komfort aber kein Fremdwort bleiben muss.

Die Bandbreite reicht von schlichter Outdoorbestuhlung über bequeme Schlafplätze und, auf den komfortableren Flößen, sogar eine fest installierte Toilette oder eine Küche mit den nötigen Geschirr- und Kochutensilien.

Den Antrieb besorgt ein Außenborder, der entweder als Verbrennungs- oder Elektromotor daherkommt.

Wie Tom Sawyer und Huckleberry Finn lassen sich dann nach einer gründlichen Einführung lauschige Badebuchten ansteuern, von Deck aus Flora und Fauna betrachten, sich sonnen, angeln oder ins Wasser springen, entspannt ein Buch lesen, am Abend grillen und danach in einer Bucht seiner Wahl vor Anker liegend die Nacht verbringen – Floßurlaub ist so vielseitig und garantiert entschleunigend.

Manch einer führt gar sein Kanu im Schlepptau mit, um damit schmale und unzugängliche Wasserarme zu erkunden.

Folgendes sollte man neben den allgemeinen Verkehrsvorschriften und Fahrregeln auf Binnengewässern beachten:

- *Um ein Boot zu chartern, muss man mindestens 18 Jahre, um es zu fahren, mindestens 16 Jahre alt sein.*
- *Langsames Fahren reduziert den Geräuschpegel.*
- *Im seichten Uferbereich den Motor hochklappen, damit die Motorschraube nicht beschädigt wird.*
- *Das Festmachen oder Ankern ist im Bereich von Hafen- oder Schleuseneinfahrten, in abgetonnten Fahrrinnen, im Kanal (außer an ausgewiesenen Liegeplätzen) nicht erlaubt.*
- *Übernachtet werden kann in Marinas, Stadthäfen, an vielen Campingplätzen, an Wasserwanderrastplätzen, in Ufernähe.*
- *Beim Ankern in Ufernähe ausreichend Abstand zu Schilf und Ufergehölz halten.*
- *Zum Nächtigen nicht an Uferbäumen festmachen, sondern den Anker setzen.*
- *Bei Sturm oder Gewitter sollte ein geschützter Ankerplatz aufgesucht werden (Marina).*
- *Keine nicht zu 100 % abbaubaren Seifen / Spülmittel ins Wasser gelangen lassen.*
- *Das Tragen von Rettungswesten an Bord ist meist vom Vermieter vorgeschrieben.*

Anbieter & Mietstationen in der Region

Mietstation Seebad Friedrichshagen am Müggelsee:
Floß & los
Tel. 01590-179 20 56
www.flossundlos.de

Mietstationen Kleiner Müggelsee und Grünheide am Peetzsee
Bootsverleih Grünheide
Tel. 0151-10 07 57 96
www.bootsverleih-gruenheide.de

Mietstation Köpenick:
Robinson Floß
Tel. 01525-811 21 71 oder
Tel. (030) 325 165 87
www.robinson-floss.de

Mietstation Erkner / Hessenwinkel am Dämeritzsee:
Bootsverleih & Spreefloß Hessenwinkel
Tel. 0173-104 39 17
www.bootsverleih-hessenwinkel.de

Mietstationen Beeskow, Berlin, Müggelsee, Potsdam, Schwielochsee, Teupitz, Werder uvm:
Huckleberrys Tour
Tel. (030) 20 67 49 02
www.huckleberrys-tour.de

Mietstation Woltersdorf / Flakensee:
Floßleben-Reisen
Tel. 0171-782 96 75
www.flossleben.de

Mietstation Prieros / Dahme:
Flussfloß
Tel. 0172-761 00 12
oder 01590-135 23 09
www.flussfloss.de

Mietstation Hözerner See:
Dahme Floss
Tel. 0157-50 70 33 44
oder 01515-880 41 73
www.dahme-floss.de

Tipps zum Kanuwandern im Seenland Oder-Spree

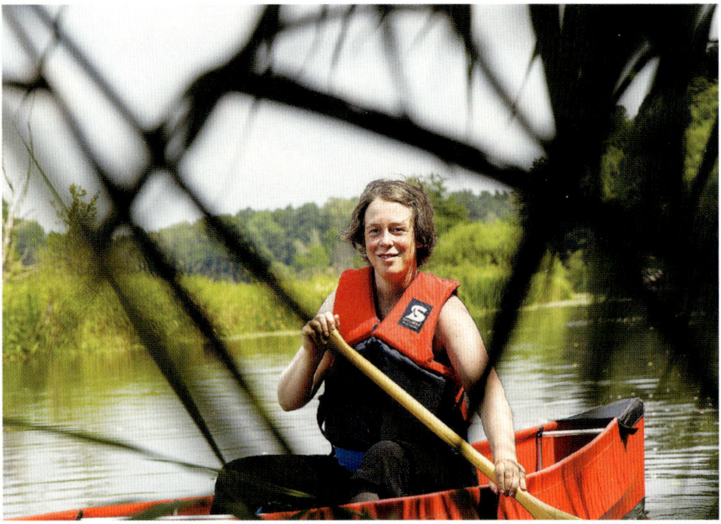

In weiten Teilen säumen dichte Schilfgürtel die Ufer

Eine Kanutour auf Spree und Dahme ist im Allgemeinen ungefährlich. Trotzdem sollten ein paar einfache **Verhaltensregeln** beherzigt werden, dann sind Sie sicher im Kanu unterwegs:

- *Vorsicht ist insbesondere auf den größeren Seen geboten. Bei Wind bauen sich auf den riesigen Wasserflächen schnell hohe Wellen auf, dann gilt: Nur in Ufernähe paddeln oder gar nicht erst losfahren!*
- *Allein sollte nur paddeln, wer sein Kanu gut beherrscht.*
- *Das Tragen eine Schwimmweste sollte selbstverständlich sein.*
- *Kinder müssen immer eine ohnmachtssichere Rettungsweste tragen.*
- *Um vor unliebsamen Überraschungen sicher zu sein, sind vor der Fahrt detaillierte Informationen über den Streckenverlauf unerlässlich.*
- *Wehre und andere Hindernisse sind gefährlich – Umtragen ist keine Schande.*
- *Das Gepäck gehört nach Möglichkeit ins Boot. Alles was an Deck mitgenommen wird sollte gut festgezurrt werden, um es gegen Verlust bei Kenterung zu sichern.*
- *Nicht alkoholisiert ins Kanu steigen.*
- *Ein aufgefrischter Erste-Hilfe-Kurs sollte selbstverständlich sein, um nicht nur anderen, sondern auch sich selbst helfen zu können.*

Verhalten auf dem Wasser

Eine Kanutour soll in erster Linie Spaß machen und eine lange Liste mit Ge- und Verboten für das umweltverträgliche Paddeln scheint auf den ersten Blick „typisch deutsch". Mit folgenden Verhaltens- und Umwelt-Tipps macht das Paddeln aber allen Beteiligten mehr Freude und die herrliche Natur entlang der Spree-Dahme-Runde bleibt auch nachfolgenden Paddlergenerationen erhalten:

- *Starten und Beenden Sie eine Kanutour nur an den ausgewiesenen Ein- und Ausstiegsstellen. Wollen Sie ein eigenes Kanu auf dem Gelände eines Bootsvermieters oder Campingplatzes zu Wasser lassen, so gehört es zum guten Ton, vorher um Erlaubnis zu fragen.*
- *Nutzen Sie zum Anlegen und Rasten nur die dafür vorgesehenen Plätze wie z.B. Wasserwanderrastplätze, die Anleger der Gasthäuser oder Schleusen und andere befestigte Ausstiege, die nicht im Privatbesitz sind, um unnötige Beschädigungen der empfindlichen Ufer zu vermeiden.*
- *Meiden Sie Schilfgürtel, Röhrichtbestände und Kiesbänke – es sind wichtige Lebensräume für Wasservögel.*
- *Beobachten Sie Tiere nur aus der Ferne. Für Naturbeobachtungen empfiehlt sich daher die Mitnahme eines Fernglases.*

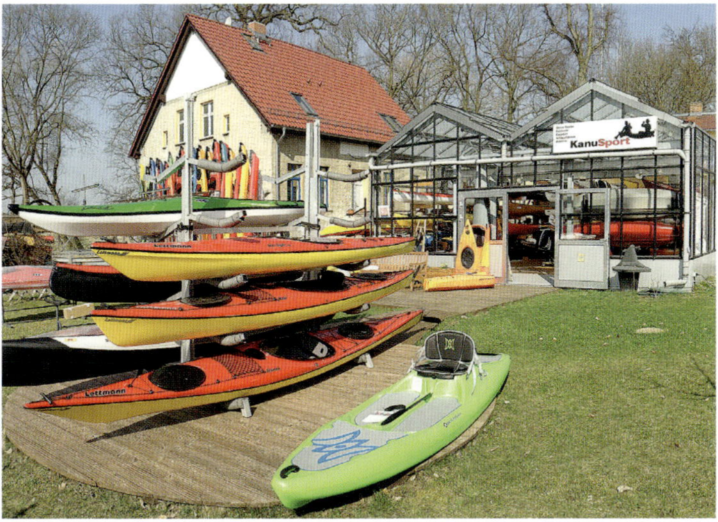

Bei KanuSport Spree in Hangelsberg wird man gut beraten. Sie können hier nicht nur ein Kanu mieten, sondern auch Outdoor-Ausrüstung kaufen.

- *Respektieren Sie die „Nachtruhe" der Tiere. Legen Sie rechtzeitig bis spätestens eine Stunde nach Sonnenuntergang an, um nachtaktive Tiere wie Abendsegler und Eulen nicht zu stören.*
- *Vermeiden Sie die Befahrung von flachen Gewässerabschnitten, insbesondere jene mit Wasserpflanzen und achten Sie stets auf eine ausreichende Wassertiefe. Muscheln am Gewässergrund übernehmen die Filterung des Wasser und leiden unter Grundberührung von Bootsrumpf und Paddel.*
- *Grillen und Lagerfeuer sind nur bei niedriger Waldbrandstufe und nur an den dafür freigegebenen Feuerstellen gestattet.*
- *Wildzelten ist nicht zu verantworten - zu groß ist die damit verbundene Belastung für die Natur. Auf den meisten der hier beschriebenen Touren finden sich einfache Wasserwanderrastplätze, Campingplätze, Jugendherbergen, Gasthöfe und Hotels, so dass die Übernachtung in Wassernähe kein Problem darstellt.*

Wehre & Schleusen

Wie praktisch an jedem deutschen Fluss hat der Mensch auch entlang von Dahme und Spree Wehre und Schleusen errichtet, um die Flüsse schiffbar zu machen und den Wasserstand zu regulieren. Entlang der gesamten Strecke sind insgesamt zehn Schleusen und vier Wehre zu finden.

Sie treffen dabei auf sehr unterschiedliche Anlagen und das Spektrum reicht von der Selbstbedienungsschleuse in Handbetrieb, bei der die Tore und Schotten per Muskelkraft auf- und zugekurbelt werden müssen, über Automatik-Schleusen, die auf Knopfdruck oder zeitgesteuert funktionieren bis hin zu Schleusen an denen ein Schleusenwärter seinen Dienst ver-

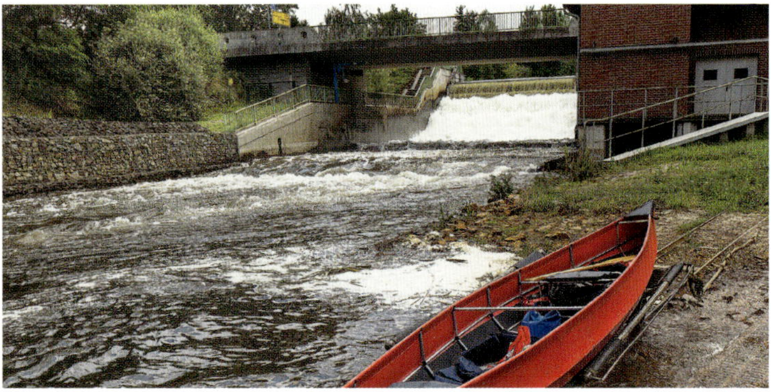

Gleisloren machen das Umtragen eines Wehres einfach - vorausgesetzt sie sind nicht zu schwer

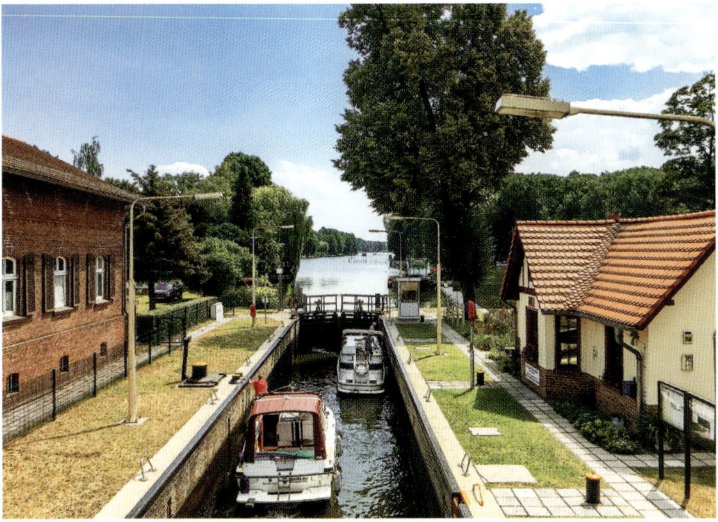

Blickt auf über 300 Jahre Geschichte – Schleuse Neue Mühle in Königs Wusterhausen

richtet. Grundsätzlich stellt eine Schleusung in der Saison tagsüber kein Problem dar, die Schleusenzeiten variieren allerdings leicht von Anlage zu Anlage. Weitere Informationen und die exakten Betriebszeiten finden Sie in der Tourenbeschreibung bei der jeweiligen Schleuse.

Das Schleusen ist weder schwer noch gefährlich, beachten Sie aber in jedem Fall die Hinweistafeln, die das genaue Procedere erklären, oder die Anweisungen des Schleusenpersonals. Die wichtigsten Verhaltenstipps für ein sicheres Schleusen:

- *Ausfahrende Boote haben immer Vorfahrt.*
- *Betätigen Sie die Schieber zum Wasserein- bzw. auslass immer nur langsam.*
- *Binden Sie nie Kanus in der Schleuse an.*
- *Halten Sie sich beim Schleusen an den Leitern oder anderen griffigen Teilen der Schleusenwand fest.*
- *Achten Sie dabei darauf, sich nicht die Finger zwischen Bord- und Schleusenwand einzuklemmen.*

An den vier Wehren entlang der Märkischen Umfahrt sind Bootsschleppen vorhanden. Es handelt sich dabei um recht schwere Gleisloren, die eine entsprechend starke Besatzung voraussetzen und eine gute Möglichkeit darstellen, um vollbeladene Canadier ohne großen Aufwand umzusetzen. Ein eigener Bootswagen ist trotzdem sehr zu empfehlen und gerade mit Kajaks die bessere Alternative für die Portage.

Wichtiges zur Tourenbeschreibung

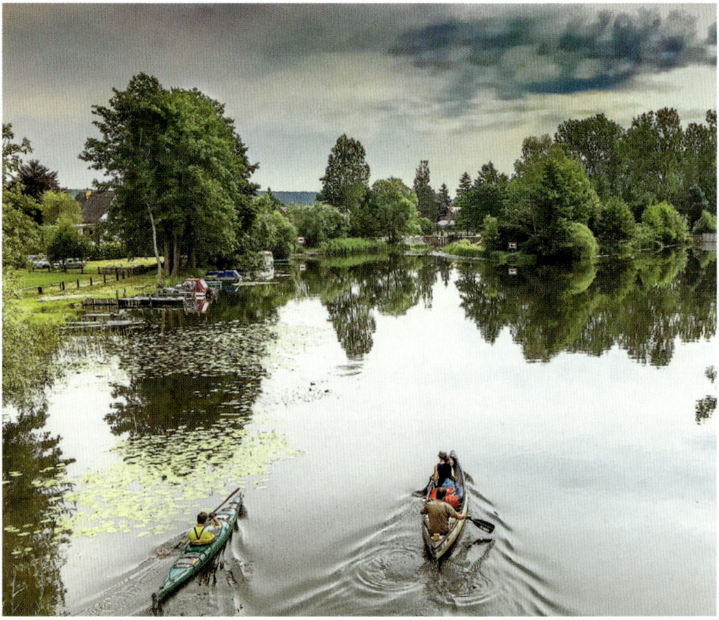

Blick von der Straßenbrücke in Alt Schadow

Die Tourenbeschreibung beginnt und endet in Beeskow. Selbstverständlich eignet sich aber praktisch jeder Ort mit gutem Zugang zum Wasser als Startpunkt für die Märkische Umfahrt (z.B. jeder der zahlreichen Wasserwanderrastplätze).

Die Fahrtrichtung verläuft in diesem Buch entgegen dem Uhrzeigersinn, d.h. auf der Spree mit der Strömung flussabwärts gen Berlin und dann auf der Dahme gegen deren Fließrichtung zurück.

Die vorgestellte Route ist bei normalem **Wasserstand** einfach zu fahren und wurde von uns selbst gepaddelt und gründlich recherchiert. Allerdings sollte bedacht werden, dass bei verändertem Wasserstand aus einem ruhigen Flüsschen ein stark strömender Fluss werden kann.

Im Normalfall ist die **Fließgeschwindigkeit** der Dahme so gering, dass man das Paddeln „gegen die Strömung" ohne großen Kraftaufwand bewältigt. Bei sehr hohem Wasserstand allerdings kann die Strömung (zu) stark werden und die komplette Umfahrt entsprechend erschweren oder in Ausnahmefällen sogar unmöglich machen.

Lediglich im nördlichen Abschnitt der Tour in der Nähe zur Metropole Berlin ist, vor allem an Wochenenden, mit buntem Treiben an den Ufern und regem Motorboot- und Segelverkehr auf dem Wasser zu rechnen. Ansonsten überwiegen aber Ruhe und Idylle und stellenweise ist man als Paddler allein auf weiter Flur.

Die im Buch aufgeführten **Übernachtungsstellen** liegen immer am Wasser oder zumindest in Wassernähe. Dank der vielen Wasserwanderrast- und Campingplätze ist die Übernachtung im eigenen Zelt unproblematisch, eine Voranmeldung ist nicht erforderlich. Wer dagegen in Gasthöfen, Hotels oder Pensionen schlafen möchte, sollte besser vorab anrufen und ein Zimmer reservieren. Detaillierte Angaben zu den Übernachtungsmöglichkeiten finden sich in der Tourenbeschreibung sowie im Adressteil ab Seite 94.

Das an **Marinas, Sportboothäfen** und **Wasserwanderrastplätzen** entlang der Strecke anzutreffende Symbol **„Gelbe Welle"** wird im Rahmen der *Ausbildungs- und Qualitätsoffensive „Maritimes Qualitätsmanagement MQM"* als Informationsinstrument eingesetzt. Besseres Erkennen von Anlandemöglichkeiten soll gewährleistet sowie durch weitere Piktogramme Auskunft über die Ausstattung der Marina /des Anlegers gegeben werden. Das Symbol steht für *Qualität, Sicherheit* und *Umweltschutz* und soll Wasserwanderern signalisieren, dass sie „Herzlich Willkommen" sind.

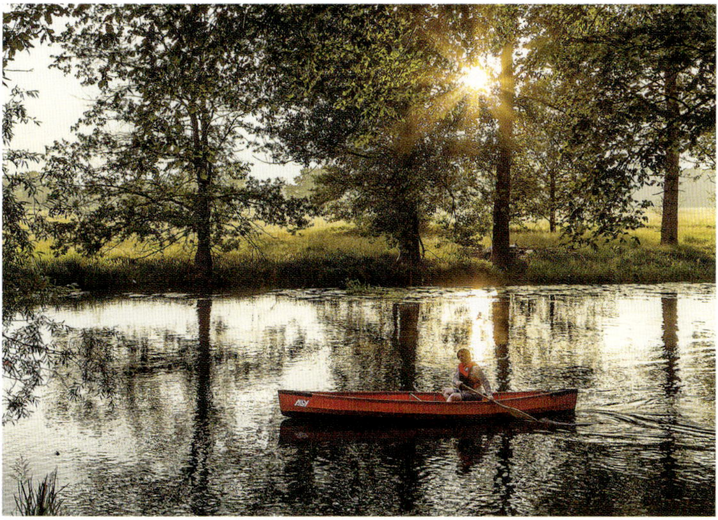

Die Müggelspree bei Hangelsberg gibt sich im Licht der untergehenden Sonne sehr idyllisch

Achten Sie bei der Tourenplanung auf ausreichend **Ruhe- und Pausentage**. Die kulturellen Sehenswürdigkeiten entlang der Ufer von Spree und Dahme bleiben zwar im überschaubaren Rahmen, aber es wäre doch schade, einfach daran vorbeizufahren und eines dieser Kleinode zu verpassen. Bei Regen und Wind ist ein Museumsbesuch oder ein Ruhetag im kuscheligen Schlafsack nicht die schlechteste Idee.

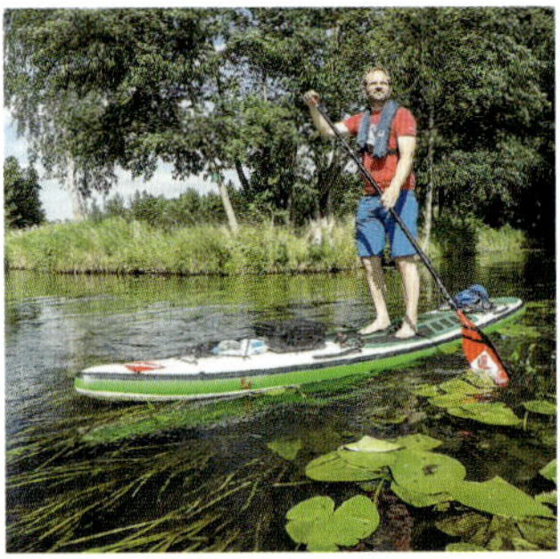

Wem der Sinn einmal nicht nach Paddeln oder Kultur steht, findet in der herrlichen Natur gute Voraussetzungen für die verschiedensten Aktivitäten von Baden, über ausgedehnte Spaziergänge bis hin zu Radtouren.

Die im Infoteil vorgeschlagenen **Etappen** und **Zeitangaben** verstehen sich ohne Wanderungen, Stadtrundgänge und Museumsbesuche. Viele Museen haben montags geschlossen!

Öffnungszeiten haben wir so dargestellt: Di-So 10-17, was heißen soll, dass Dienstag bis Sonntag von 10.00 Uhr bis 17.00 Uhr geöffnet ist.

Unterwegs sind einige **Schleusen** zu passieren. An einigen ist ein Schleusenwärter anwesend, an anderen ist Selbstbedienung erforderlich und mitunter erfolgt die Schleusung vollautomatisch zu festgelegten Zeiten. Einige wenige **Wehre** müssen allerdings umtragen werden. An allen Portagen erleichtern Bootswagen oder -schleppen das Umsetzen, allerdings sind diese Hilfseinrichtungen oft so schwer, dass fast immer mindestens zwei Personen notwendig sind, um sie zu bewegen.

Ein eigener **Bootswagen** ist daher sehr zu empfehlen und auch für den Bootstransport vom Bootssteg zum Zelt, Hotel oder Auto eine große Hilfe. Siehe auch Wehre & Schleusen Seite 22.

Kennzeichnungspflicht des Bootes

Die Märkische Umfahrt führt großteils auch über Bundeswasserstraßen. Damit gelten die Vorschriften der Binnenschifffahrtsordnung.

Kanus sind auf Binnenschifffahrtsstraßen zwar von der Führung eines amtlichen Kennzeichens befreit, müssen aber dennoch gekennzeichnet sein, um Ärger und eine Geldbuße zu vermeiden:

1. **Bootsname auf beiden Außenseiten** in gut lesbaren mindestens 10 cm hohen lateinischen Schriftzeichen. Alternativ **Name der Organisation / Verein** der es angehört oder deren gebräuchliche Abkür-

zung mit einer Nummer dahinter. Die Schriftzeichen müssen in heller Farbe auf dunklem Grund oder in dunkler Farbe auf hellem Grund angebracht sein.

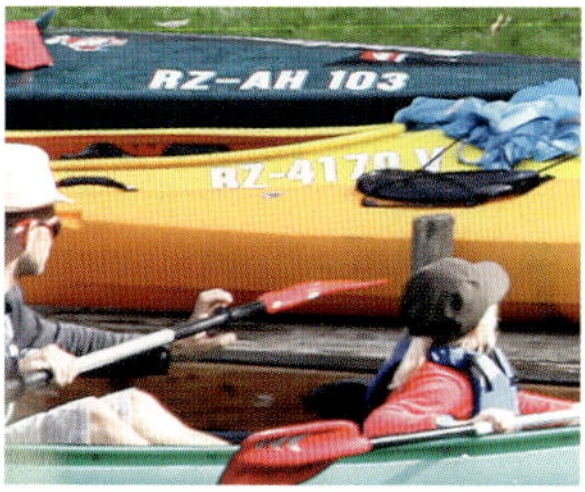

2. **Name und Anschrift des Eigentümers** an gut sichtbarer Stelle innen oder außen.

Weitere Informationen zu den Regelungen auf Schifffahrtstraßen finden Sie in der Broschüre ***„Sicherheit auf dem Wasser. Leitfaden für Wassersportler"***, der unter www.elwis.de kostenlos heruntergeladen werden kann.

Kilometrierung

Um Ihnen die Nutzung der Wasserwanderkarten und Beschreibung der Tour in diesem Buch zu erleichtern, finden Sie sowohl auf den **Karten** als auch im Textteil in der **Randspalte** die jeweiligen **Kilometerangaben**.

In **Beeskow** starten wir mit unserer eigenen Tourenkilometrierung bei ***km 0***. Diese Kilometer sind nicht amtlich und auf den Karten und in der Randspalte ***blau mit gelber Kontur***. Sie wurden mit einem GPS-Empfänger vor Ort ermittelt oder auf der Landkarte gemessen und setzen, z.B. bei Seen, die direkte Überquerung voraus. Wird jede Bucht und jeder Flussmäander ausgefahren, so verlängert sich die Strecke entsprechend.

Sie können Entfernungen leicht in den Karten abmessen: Die Strecke von einem gelben Punkt zum nächsten entspricht 1 km. Alle 5 km sind die Kilometerzahlen auf der Karte im Buch ausgeschrieben.

Wo die Märkische Umfahrt einer Bundeswasserstraße folgt, z.B. auf dem Oder-Spree-Kanal, finden Sie am Ufer Kilometerschilder – schwarze Zahl auf weißem Grund. Diese ***offizielle Gewässerkilometrierung*** ist auf den Karten und in der Randspalte ***schwarz mit gelber Kontur.*** In der Randspalte zusätzlich (in Klammer) hinter dem laufenden Tourenkilometer: ***km 28 (Kanal-km 88,7)***.

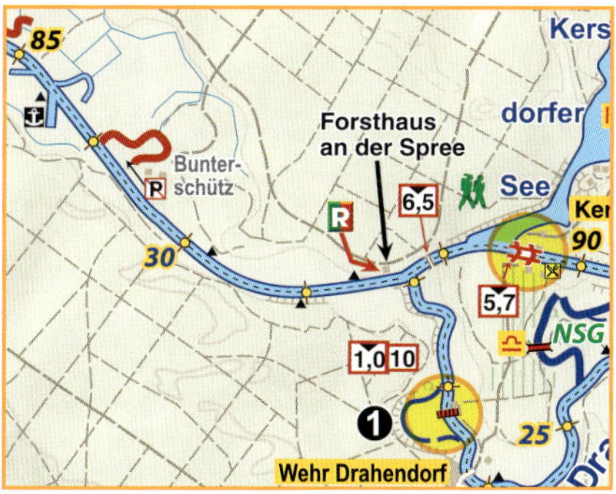

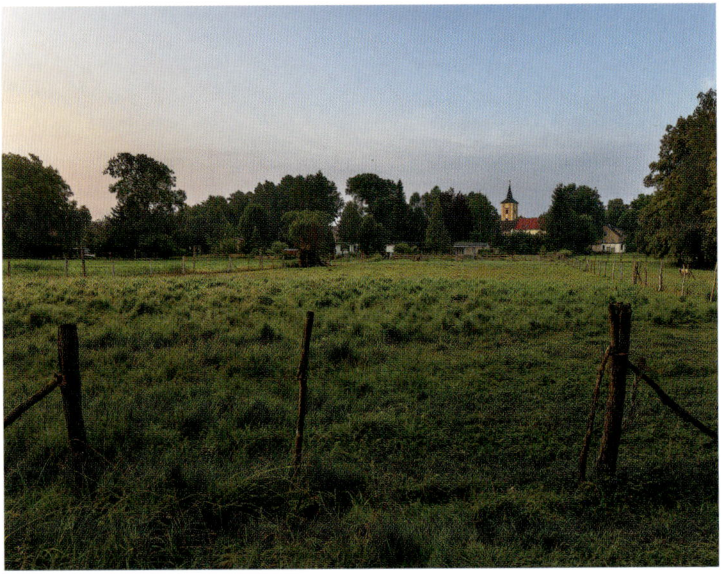

Blick von der Dahme über die Auenlandschaft nach Märkisch Buchholz

Die Geburtsstunde der historischen Mark Brandenburg schlägt Mitte des 12. Jahrhunderts, als der Askanierfürst Albrecht der Bär das Gebiet erobert, es in das Heilige Römische Reich eingliedert und sich fortan Markgraf von Brandenburg nennt. Bis zum 14. Jahrhundert bauten die Askanier die Mark Brandenburg zum größten Fürstentum aus, von 1415 bis 1815 herrschten dann die Hohenzollern und im 19. und 20. Jahrhundert wird Brandenburg zusammen mit Berlin zum politischen Zentrum Preußens. Nach dem Ende des Zweiten Weltkriegs wurde die preußische Provinz zum Land Brandenburg das in der DDR in die drei Bezirke Potsdam, Cottbus und Frankfurt (Oder) aufgeteilt wurde. 1990 entstand schließlich das heutige Bundesland Brandenburg. Es ist flächenmäßig das fünftgrößte und mit seinen unzähligen Seen, Flüssen und Kanälen die gewässerreichste Region Deutschlands.

Die Märkische Umfahrt südöstlich von Berlin führt im Wesentlichen durch die beiden Landkreise Oder-Spree und Dahme-Spreewald und auch hier im östlichen Brandenburg ist Wasser das prägende Element.

Die heutige Landschaftsform entstand während der vergangenen Eiszeiten und die Region südöstlich von Berlin zeigt wie im Lehrbuch, welche Spuren die gewaltigen Eismassen hinterlassen haben. Bei ihrem Vorstoß von Skandinavien nach Süden hobelten und schürften die Gletscher tiefe Wannen und Rinnen aus, die sich nach dem Rückzug mit Wasser füllten und die heute wie an einer Perlenkette aufgereihte Seenketten bilden. Gleichzeitig schoben die Eismassen, einer überdimensionalen Planierraupe gleich, gewaltige Erdmassen vor sich her und fächerten am Ende Moränenhügel wie Girlanden auf, an deren Stirnseite sich das Schmelzwasser zu mächtigen Abflussrinnen staute. Das abfließende Schmelzwasser transportierte zudem das abgehobelte feinere Material ab und lagerte es als Schwemmsand wieder an, was der Region später die wenig schmeichelhafte Bezeichnung „Streusandbüchse des Heiligen Römischen Reiches" einbringen sollte.

Der Landkreis Oder-Spree erstreckt sich von Berlin bis Frankfurt (Oder) und vom Oderbruch bis zum Spreewald. Die Märkische Umfahrt folgt hier erst der sehr naturnahen Spree, die sich in weiten Bögen durch die Landschaft windet, verläuft dann für einen kurzen Abschnitt auf dem

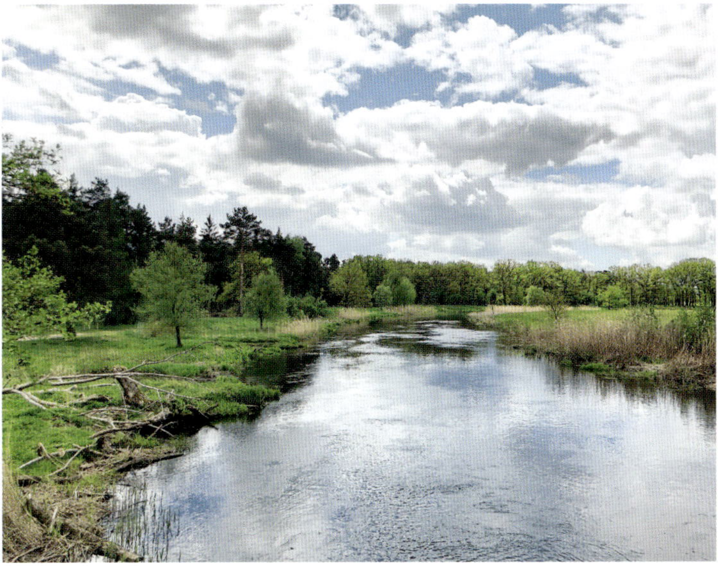

Spree bei Mönchwinkel

Oder-Spree-Kanal und führt schließlich über die idyllische Müggelspree bis in die Berliner Gewässer. Neben dem Städtchen Beeskow mit seinem mauer- und turmbewehrten historischen Kern und der Domstadt Fürstenwalde liegen einige kleinere Orte mit wehrhaften Kirchen an den Ufern. Es überwiegt aber die nahezu unberührte Landschaft als Lebensraum für Fischotter, Eisvögel und andere seltene Pflanzen und Tiere.

Von Erkner bis Königs Wusterhausen ist man der Metropole Berlin am nächsten und entsprechend lebhaft geht es auf diesem Tourenteil zu. Direkt am Stadtrand Berlins beginnt der Landkreis Dahme-Spreewald mit dem Naturpark Dahme-Heideseen, ein traditionell bei den Großstädtern beliebtes Naherholungsgebiet. Besonders deutlich treten die Spuren der preußischen Geschichte in Königs Wusterhausen zu Tage: Im prächtigen Schloss hielt Soldatenkönig Friedrich Wilhelm I. seine legendären Tabakkollegien ab und hier drillte er seine Leibgarde „die Langen Kerls".

Ab Prieros wird es dann wieder ruhiger auf dem Wasser. Die Märkische Umfahrt nähert sich nun dem nördlichen Spreewaldrand und führt über den Dahme-Umflutkanal zurück zur Spree.

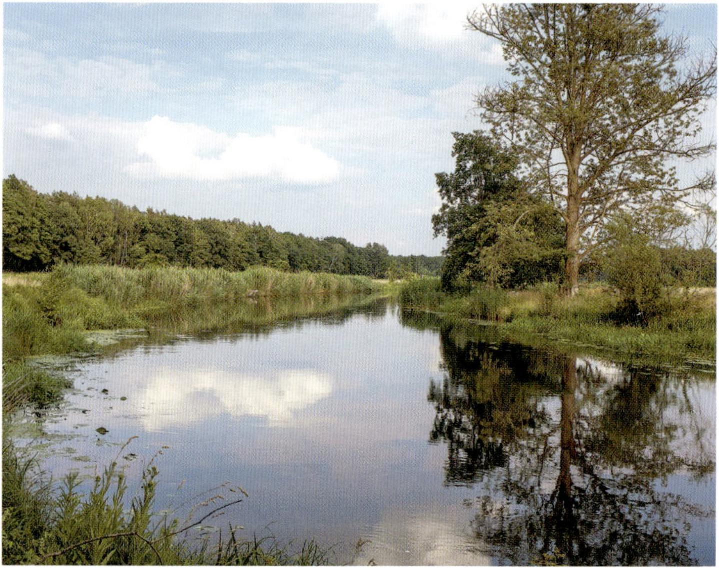

Müggelspree hinter dem Wehr Große Tränke

Infos zur Kanutour Märkische Umfahrt

Aktivitäten	Natur	Kultur	Baden	Hindernisse
★★★☆	★★★☆	★★☆☆	★★★☆	★★☆☆

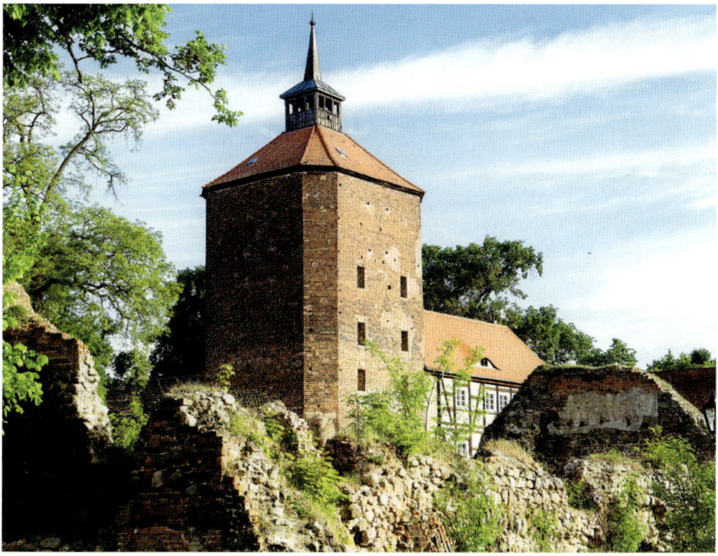

Burg Beeskow wurde erstmals Ende des 13. Jh. in einer Urkunde erwähnt

Charakter der Tour

Die Märkische Umfahrt verbindet die Spree zwischen Spreewald und Berlin, den Oder-Spree-Kanal und die seenreiche Dahme im Naturpark Heideseen zu einem Rundkurs der Superlative, der in Deutschland seinesgleichen sucht.

Geräuschlos gleitet das Kanu durch grüne, sich malerisch dahinwindende Flusslandschaften und über kleine oder größere Seen. An den Ufern sitzen Graureiher und vielerorts schwirren Libellen oder sogar Eisvögel über die Wasseroberfläche. Die bei den meisten Paddeltouren am Ende auftretende Frage „Wie komme ich hinterher eigentlich zum Auto zurück?" stellt sich bei der Spree-Dahme-Runde nicht, denn nach 180 abwechslungsreichen Paddelkilometern kehrt man automatisch wieder an den Ausgangspunkt zurück – komfortabler geht es nicht. Alles in allem ist die Tour sicher eine der schönsten 10-14 Tagestouren Deutschlands!

Sehenswürdigkeiten

Beeskow: Gut erhaltene *Stadtmauer mit Türmen* (1450 fertiggestellt); vierschiffige gotische *Hallenkirche St. Marien; Burg Beeskow* mit *Bergfried* (Aussichtsturm) und *Regionalmuseum* (www.burg-beeskow.de); *historisches Fachwerkhaus* (ältestes Haus der östlichen Mark Brandenburg von 1513); *Schäfereimuseum* (www.awo-erlebnishof-beeskow.de).

Fürstenwalde: Spätgotisches *Rathaus* am Marktplatz; *Dom St. Marien* (dreischiffige Kathedrale mit 68 Meter hohem Turm); *Brauereimuseum* am Markt (www.brauereimuseum-fuerstenwalde.de); *Stadtmuseum* in der ehemaligen Domschule (www.museum-fuerstenwalde.de); *Heimattiergarten* mit Tierparkcafé (www.heimattiergarten-fuerstenwalde.de); *Regionalmuseum* & Archiv *Haus Brandenburg* (www.stiftung-brandenburg.de).

Erkner: *Gerhart-Hauptmann-Museum* in der Villa Lassen (www.hauptmannmuseum.de); *Heimatmuseum* (unter Denkmalschutz stehender Museumshof mit Kräuter- und Obstgarten (www.heimatverein-erkner.de).

Königs Wusterhausen: *Renaissance-Jagdschloss* mit benachbarten Kavalierhäusern (1703-1706); *Heimatmuseum, Kreuzkirche* (1697); *Sender- und Funktechnikmuseum* auf dem Funkerberg.

Prieros: *Heimathaus* an der Dorfaue (www.prierosonline.de); *Botan. Biogarten (Apr-Okt Mo-Fr 8-16, Mai-Sep zusätzl. Sa+So 13-17); Infopunkt des Naturparks Dahme-Heideseen* (www.dahme-heideseen-naturpark.de).

Trebatsch: *Ludwig-Leichhardt-Museum* (Australienforscher 1813-1848).

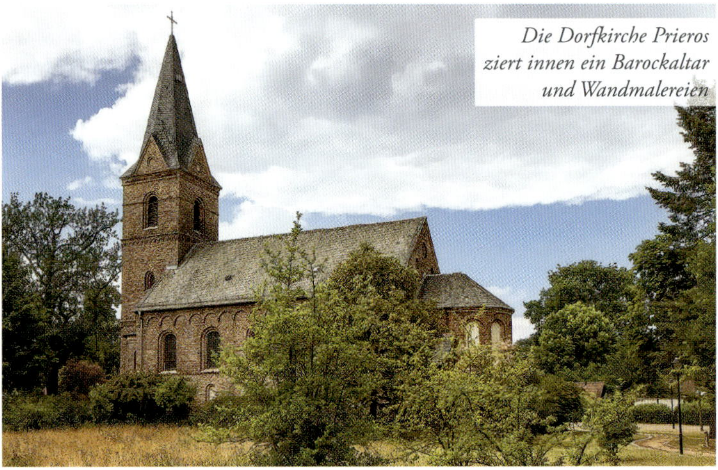

Die Dorfkirche Prieros ziert innen ein Barockaltar und Wandmalereien

Weitere Aktivitäten

Paddeln: ***Kanutouren im Spreewald*** (siehe KANU KOMPAKT „Spreewald“, Thomas Kettler Verlag), in den ***Gewässern rund um Berlin*** (siehe KANU KOMPAKT „Berlin“ und „Potsdam & Werder“, beide Thomas Kettler Verlag) oder auf den ***Dahmeseen*** zwischen Bad Saarow und Teupitz.

SUP: siehe SUP-GUIDE „Berlin & Umland“, Thomas Kettler Verlag.

Radfahren: Mehrtagestouren auf ***Dahme-*** (123 km) oder ***Spreeradweg*** (410 km), ***Märkische Schlössertour*** (180 km), ***Oder-Spree-Tour*** (250 km), ***Tour Brandenburg*** (mit 1.111 km längster Radfernweg Deutschlands).

Wandern: In den ***Krausnicker Bergen*** zwischen Groß Wasserburg und Köthen.

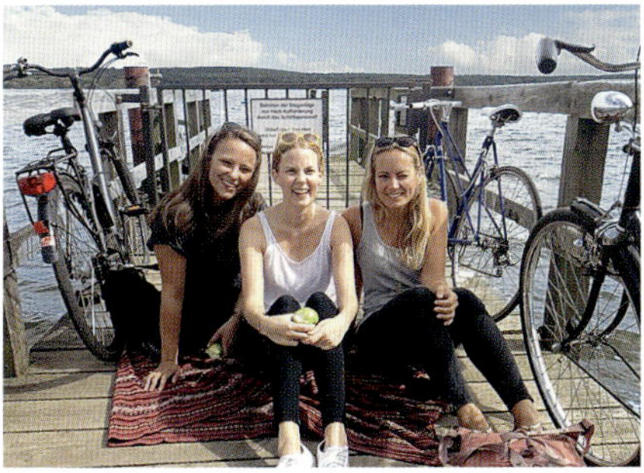

Auf dem 25 km langen ***Schlaubetal-Wanderweg*** im nahen Schlaubetal östlich von Beeskow (www.schlaubetal-naturpark.de).

Tages- & Mehrtagestouren auf dem ***66-Seen-Wanderweg*** durch Brandenburg – 400 km rund um Berlin, www.seenweg.de).

Lohnender Ausflug: ***Museumspark Rüdersdorf*** nordöstlich von Erkner (Geschichte des Kalkbergbaus in der Region, *Mär-Nov tgl. 10-18*, www.museumspark.de).

Klettern: ***Kletterwald Bad Saarow,*** acht Parcours, über 100 Kletterelemente (www.kletterwald-badsaarow.de).

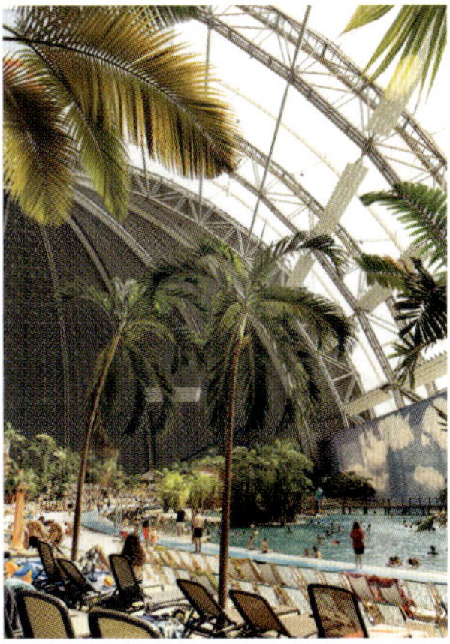

Draisinenfahrt: Start: Bahnhof Mittenwalde (Ost), Tel. (033633) 690 80 & 0177-560 47 78. Abfahrten anfragen. Abfahrt auch ab Königs Wusterhausen möglich (www.draisinenbahn.de).

Baden, Wellness & Spa: Erlebnis Resort ***Tropical Island*** bei **Krausnick,** Europas größte tropische Urlaubswelt mit Sauna & Spa (s. Foto, www.tropical-islands.de).

SaarowTherme in **Bad Saarow,** Thermalsolebad und Saunalandschaft, (www.bad-saarow.de).

Bleiche Resort, Landtherme & Spa in **Burg/Spreewald** (www.bleiche.de).

Etappenvorschlag gemütliche Urlaubstour

Tag	Strecke	Entfernung	Seite
1.	Beeskow – Neubrück	18 km	40-42
2.	Neubrück – Berkenbrück	18 km	42-48
3.	Berkenbrück – Fürstenwalde – Hangelsberg	20,5 km	48-54
4.	Hangelsberg – Jägerbude (Neu Zittau)	18 km	54-55
5.	Jägerbude – Erkner – Königs Wusterhausen	23 km	55-65
6.	Königs Wusterhausen – Neue Mühle – Prieros	16,5 km	65-73
7.	Prieros – Hermsdorf – Märkisch Buchholz	14,5 km	73-78
8.	Märkisch Buchholz – Leibsch – Werder	22 km	78-86
9.	Werder – Kossenblatt – Briescht – Trebatsch	14 km	86-90
10.	Trebatsch – Leißnitz – Kummerow – Beeskow	12,5 km	90-92

Etappenvorschlag sportliche Tour

Tag	Strecke	Entfernung	Seite
1.	Beeskow – Neubrück – Berkenbrück – Fürstenwalde	42 km	40-49
2.	Fürstenwalde – Jägerbude (Neu Zittau)	33 km	49-55
3.	Jägerbude – Erkner – Königs Wusterhausen – Neue Mühle – Senzig – Kablow – Gussow – Prieros	40 km	55-73
4.	Prieros – Hermsdorf – Märkisch Buchholz – Neuendorf am See – Alt Schadow – Werder	37 km	73-86
5.	Werder – Kossenblatt – Briescht – Trebatsch – Leißnitz – Kummerow – Beeskow	26 km	86-92

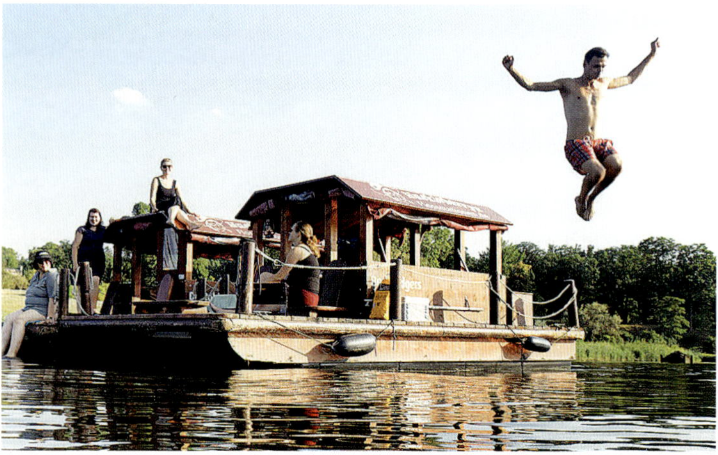

Tipps für Tageskanutouren

1. **Müggelspree** von Hangelsberg nach Erkner (27 km)
2. Rundtour **Krossinsee – Oder-Spree-Kanal – Seddinsee – Zeuthener See – Großer Zug – Krossinsee** (ca. 15 km)
3. Rundtour: Leibsch über **Puhlstrom** und **Randkanal** zum **Köthener See**, dort über den **Dahme-Umflutkanal** wieder nach Leibsch (ca. 15 km)

Literatur-Tipps

KANU KOMPASS „Brandenburg & Berlin“ sowie ***„Mecklenburg-Vorpommern“***, Reisehandbücher zum Kanuwandern, *Thomas Kettler Verlag.*

„STECHPADDEL FAHRSCHULE“, Dieter Raffler & Franz Riegel, Thomas Kettler Verlag.

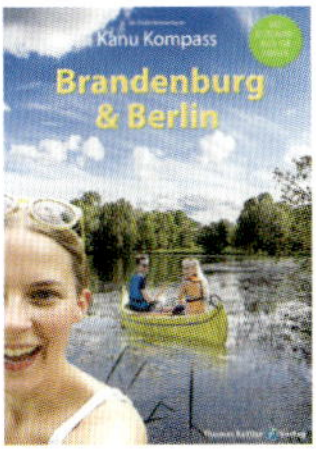

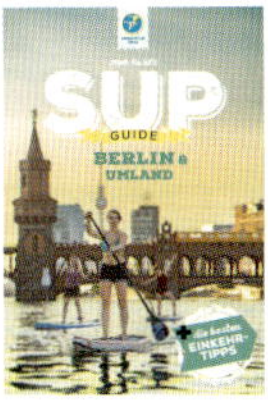

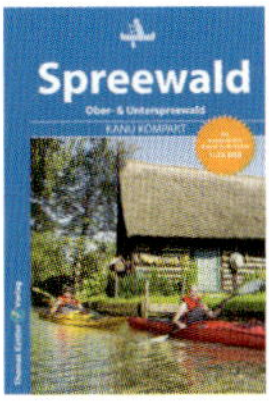

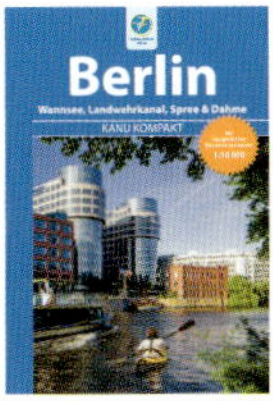

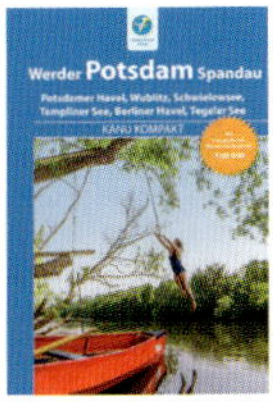

Natur- und Kultur-Reiseführer ***„Brandenburg*** - Unterwegs zwischen Elbe und Oder“, ***„Baden in und um Berlin*** - Die schönsten Badestellen“, ***„Spreewald“, „Tagesstouren Brandenburg: 33 Wanderungen zwischen Oder, Spree und Elbe“*** uvm, *alle Trescher Verlag.*

„TAKE ME TO THE LAKES - Berlin Edition“, 50 ausgewählte Seen in und um Berlin, 140 besondere Badestellen, *Verlag The Gentle Temper.*

Reiseführer ***„Berlin außenrum“*** – 33 Überlandabenteuer zum Selbsterleben in Brandenburg“, *Michael Müller Verlag.*

„Wanderungen durch die Mark Brandenburg“ sowie ***„Irrungen, Wirrungen“***, Theodor Fontane, *div. Verlage.*

„Nacht im Kopf“, Kriminalroman rund um Europas größtes Werk für Elektroautos in Brandenburg, Christoph Heiden, *GMEINER-Verlag.*

Adressen

Alle Adressen zu Übernachtung in Wassernähe, Kanu- & Radvermieter, Tourenveranstalter, Sehenswürdigkeiten & Aktivitäten, Tourist-Infos finden Sie hinten im Adressteil jeweils alphabetisch nach Ortsnamen gelistet ab S. 94.

Kanutour Märkische Umfahrt

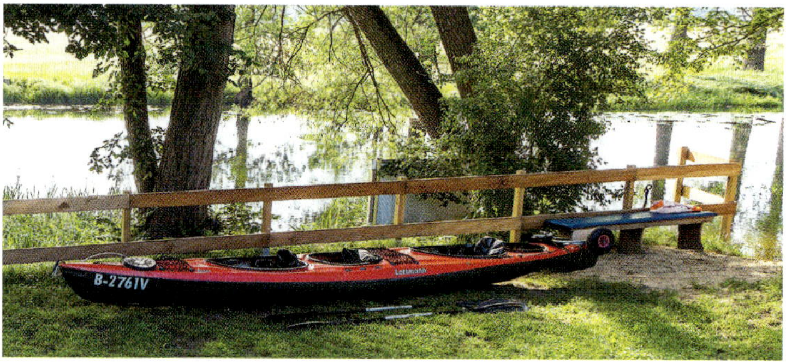

Anreise

A 12 Richtung Frankfurt (Oder)/ Warschau bis Ausfahrt 5 (Fürstenwalde-Ost), dann auf der B 168 nach **Beeskow**.

Ein- und Aussetzstelle

Da es sich um eine Rundtour handelt, lässt sich die Tour praktisch an jedem Wasserwanderrastplatz entlang der Märkischen Umfahrt beginnen.

Gut geeignet ist der ***Spreepark*** (Bertholdplatz 6) in **Beeskow**, denn hier gibt es einen Bahnanschluß, einen Kanuvermieter und einen großen Parkplatz.

Auch der ***Kanuvermieter Kanu-Sport Spree*** in **Hangelsberg** bietet sich u.a. wegen der guten Anbindung ans öffentliche Verkehrsnetz an.

Länge 178 km.

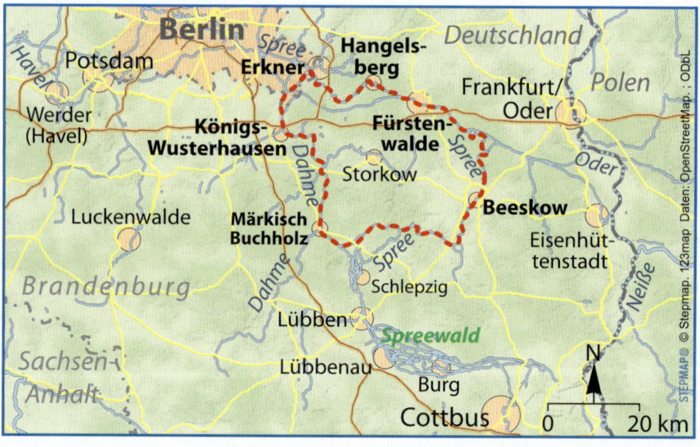

Dauer der Tour

1-2 Wochen, je nach Anspruch, Besichtigungen & Ausflüge.

4 Wehre, 9 Schleusen

Beeskow: Automatik-Schleuse, Schleusung nach Anforderung (Knopfdruck).

Neubrück: SB-Schleuse am Wergensee.

Drahendorf: Nadelwehr.

Fürstenwalde: Stadtschleuse und Wehr Große Tränke (jeweils Bootsschleppe).

Königs Wusterhausen: Schleuse Neue Mühle.

Prieros: Schleuse.

Hermsdorf: Schleuse.

Märkisch Buchholz: 2 Wehre in kurzem Abstand – das erste ist ein Kaskadenwehr.

Leibsch: Doppelschleuse (SB).

Alt Schadow: Schleuse.

Kossenblatt: Automatische SB-Schleuse.

Ein Bootswagen ist hilfreich.

Tourrichtung

Unsere Beschreibung der Märkischen Umfahrt erfolgt von Beeskow aus entgegen dem Uhrzeigersinn, d.h. auf der Spree flussabwärts gen Berlin und dann auf der Dahme gegen die Fließrichtung zurück.

Im Normalfall stellt das kein Problem dar, denn die Fließgeschwindigkeit der Dahme ist so gering, dass man sie ohne großen Kraftaufwand bewältigt.

In Ausnahmesituationen aber, wenn die Dahme sehr viel Wasser führt, kann die Strömung allerdings (zu) stark werden.

Befahrungsregelung

Abgesehen von einigen für die Befahrung gesperrten Altarmen sind auf der beschriebenen Strecke keine Einschränkungen bekannt.

Oberhalb von Märkisch Buchholz ist die Befahrung der Dahme ganzjährig verboten.

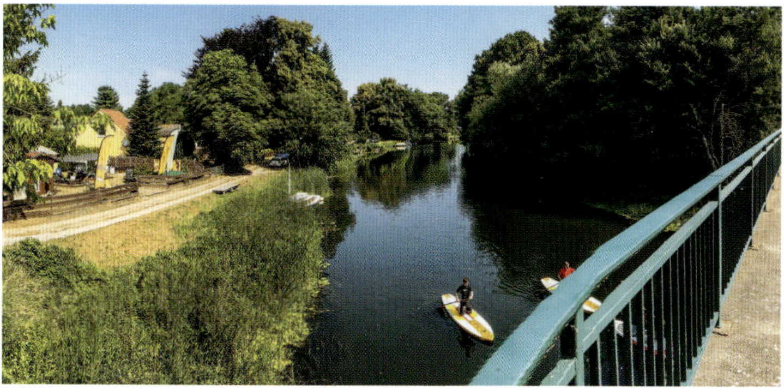

Kanu & SUP-Vermieter Spreeboard in Neu Zittau

Blick auf Beeskow

Beeskow liegt etwa 80 km südöstlich von Berlin und 30 km südwestlich von Frankfurt/Oder. Die heute etwa 8.000 Einwohner zählende Kreisstadt wurde gegen Ende des 13. Jh. erstmalig in einer Urkunde erwähnt und entstand an einem Spreeübergang entlang des Handelsweges von Frankfurt/Oder nach Leipzig.

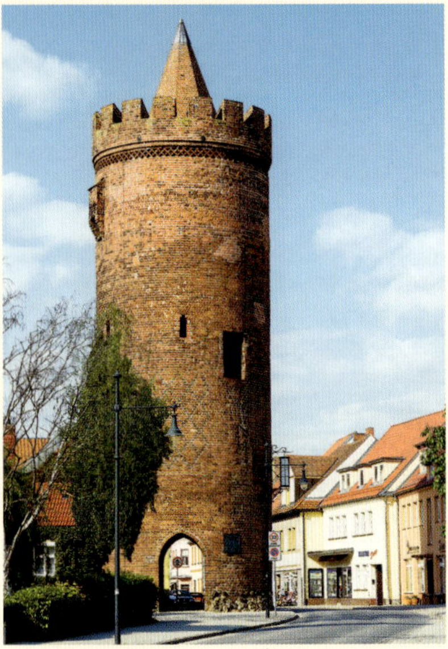

Der Luckauer Torturm, im Volksmund liebevoll „Der Dicke" genannt, ist das Wahrzeichen von Beeskow

Im Osten bildete die Spree eine natürliche Barriere gegen Angreifer, auf den übrigen drei Seiten wurde eine wehrhafte Mauer errichtet. Bis heute ist die mittelalterliche Stadtmauer samt einem Großteil der Stadttürme erhalten geblieben und verleiht dem Stadtkern seinen ganz besonderen Charme.

Im Zentrum der historischen Altstadt liegt der von hübschen restaurierten Ackerbürgerhäusern gesäumte Marktplatz. Nebenan erhebt sich die St. Marienkirche, eine der größten Kirchen in der Mark Brandenburg.

Auch die Spreeinsel als ältester Siedlungsteil ist nicht weit und vom Burgturm bietet sich ein toller Blick auf die Spreelandschaft.

i ***Stadtinformation Beeskow (Rathaus),*** *Mo-Fr 9-13 + 13.30-18, Sa 9-12,* Berliner Straße 30, Tel. (03366) 42 20, www.beeskow.de

① ***Marktplatz*** mit schmucken Ackerbürgerhäusern.

② ***Ältestes Haus der östlichen Mark Brandenburg*** aus dem 15. Jh. *Kirchstraße 2, Mai-Sep Di-So 10-17, Okt-Apr Di-Sa 10-16.*

③ ***St. Marienkirche.*** Spätgotische Backsteinhallenkirche, Baubeginn unter Einbeziehung der Vorgängerbauten um 1380.

④ ***Luckauer Torturm und Stadtmauer.*** „Der Dicke" ist einer der sechs von ursprünglich neun Türmen entlang der nahezu vollständig erhaltenen Stadtmauer.

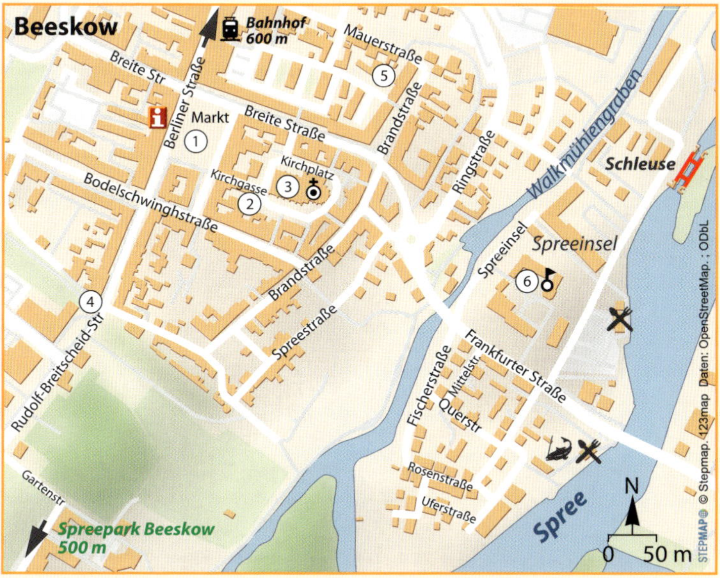

⑤ ***Schlauchturm.*** Kletterturm im ehemaligen Schlauchturm der Beeskower Feuerwehr mit Aussichtsplattform in 27 Meter Höhe. *Mauerstraße 38, Kontakt über Albatros Outdoor, Bertholdplatz 6, Tel. (033675) 72 89 61 oder 0151-41 82 33 81,* www.albatros-outdoor.de

⑥ ***Burg Beeskow.*** Erstmalig 1272 erwähnt, heute Veranstaltungsort für Konzerte, Lesungen und Vorträge. Museum mit wechselnden Ausstellungen, Folterkeller und Aussichtsturm. *Frankfurter Str. 23, Tel. (03366) 35 27 12, Apr-Sep Di-So10-19, Okt-Mär Di-So 11-17,* www.burg-beeskow.de

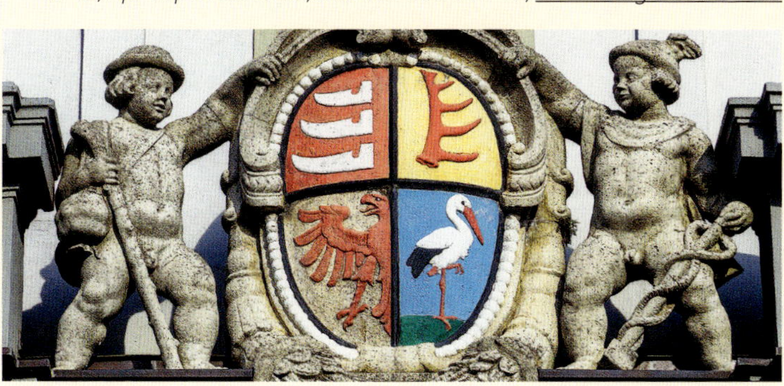

Start
km 0,3

Spreepark Beeskow
01520-889 52 90

Albatros Outdoor
Natur- & AktivReisen
(033675) 72 89 61
0151-41 82 33 81

Einsetzen am *Spreepark* in **Beeskow** – ein ***Camping-, Wasserwander-*** und ***Wohnmobilstellplatz*** mit ***Flussfreibad*** direkt an der idyllischen Spree gelegen. Nur einen kurzen Spaziergang von der ***historischen Altstadt*** entfernt, unterhält die Stadt diesen modernen, gut ausgestatteten Platz direkt an der Spree. Wer ohne eigenes Boot anreist, wird in der prima sortierten *Kanustation* von *Albatros Outdoor* gut beraten *(auch Fahrradvermietung)*. Hier gibt es vor dem Ablegen auch die letzten kompetenten Tipps zur Märkischen Umfahrt.

Kanusportverein Beeskow „Spree"

km 0,8

Nach den ersten Paddelschlägen zieht am linken Ufer das Gelände des Kanuvereins *KSV Beeskow* (DKV-Station) vorüber, kurz darauf teilt sich die Spree in zwei Arme und bildet eine Insel, die mit dem Fischerkiez und der Burg zwei der ältesten Siedlungskerne der Stadt beherbergt. Wir halten uns rechts und biegen in den breiteren, rechten Arm.

km 1,3

Boootshaus
(03366) 261 95

Links vor der Straßenbrücke bietet das *Boootshaus Beeskow - Am Spreeufer*, nur wenige Meter von der Spree entfernt, gute und ruhige Übernachtungsmöglichkeiten für Wassersportler.

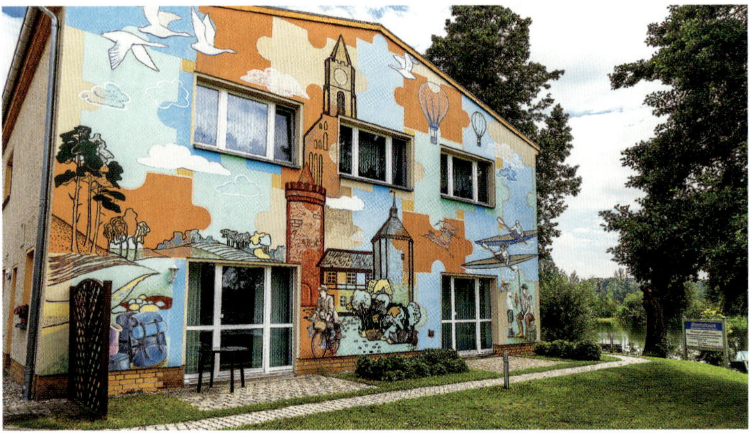

Hinter seiner bunten Fassade beherbergt das „Boootshaus" modern eingerichtete Zimmer

Gleich nebenan bei der ***Storkower Fischgenossenschaft*** kann man im ***Restaurant „Spreebrücke"*** auf der Terrasse fangfrischen Fisch mit Blick auf die Spree genießen. Oder sich im ***Hofladen*** mit frischem Fisch aus der Fischerei eindecken.

Spreebrücke
(03366) 214 18

Vom linken Ufer grüßt der trutzige Bergfried der ***Beeskower Burg.*** *Sie wurde erstmals Ende des 13. Jahrhunderts in einer Urkunde erwähnt und gehörte zu dieser Zeit den Rittern von Strele. Bis 1915 wurde sie von den Hohenzollern als Verwaltungssitz genutzt und beherbergt heute ein Bildungs-, Kultur- und Musikschulzentrum des Oder-Spree-Landkreises sowie das Regionalmuseum.* Von der Aussichtsplattform des ***Bergfrieds*** in 27 Metern Höhe eröffnet sich ein fantastischer Blick über die Stadt Beeskow und auf die Spreeaue.

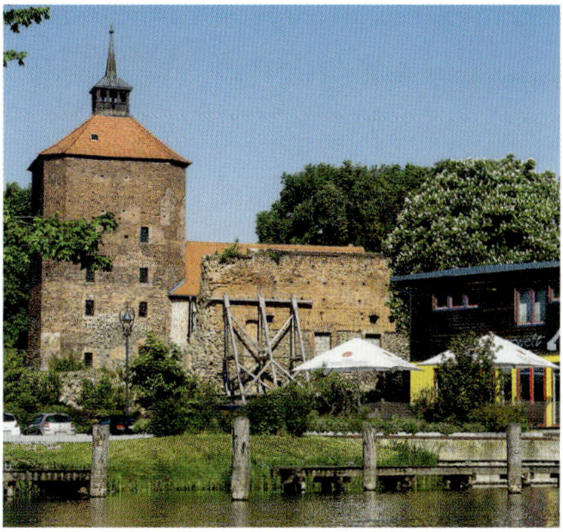

Burg Beeskow auf der Spreeinsel

Am Ufer davor kann man sich auf der schönen Uferterrasse (ehemals Wasserwelt) ***Pizza*** schmecken lassen oder bei ***Huckleberrys Tours*** motorisierte ***Holzflöße mieten***.

Huckleberrys
www.huckleberrys-tour.de

Etwa 200 m hinter der Straßenbrücke liegt neben dem *Wehr* am linken Ufer die *Schleuse Beeskow*. Nach der Ankunft an der Schleuse betätigt man den blauen Hebel und die automatische Schleusung beginnt.

km 1,8

Schleuse automatisch
nach Anforderung
(03366) 52 07 03
Apr- 2. Okt tgl. 8-19

Mit der Schleuse verlässt man das Zentrum von Beeskow. Ein paar Schlote in einem kleinen Industriegebiet markieren den nördlichen Stadtrand und nach Unterfahren der Eisenbahnbrücke übernimmt die Natur das Kommando.

km 7,2 In **Radinkendorf** lädt ein schmaler Uferstreifen zu einer Rast ein. Ein Stück die Straße hoch bietet die *Pension „Storchennest"* die Möglichkeit zur Übernachtung in Ferienwohnungen (kein Frühstück).

FeWo Storchennest
(03366) 423 67

Zurück im Boot säumen Erlen die Ufer und im Schilfgürtel markiert der Drosselrohrsänger mit lautem und rauhem Gesang sein Revier. Schließlich werden die Ufer flacher und geben den Blick in die Landschaft frei. Rechter Hand breitet sich auf einem Moränenhügel das schöne ***Waldgebiet Schwarzberge*** und ***Spreeniederung*** mit dem ***Großen*** und ***Kleinen Schwarzberg*** aus. *Seit 1961 stehen die rund 100 Meter hohen flächigen Berggipfel unter Naturschutz (Totalreservat), bis zu 300 Jahre alte Traubeneichen sind hier zu bestaunen.*

NSG

km 13,4 Am linken Ufer vor der Straßenbrücke in **Raßmannsdorf** bietet 200 Meter entfernt das sympathische *Alwine – Landhaus an den Spreewiesen* leckeres Essen *(Mo Ruhetag)* und Übernachtungsgästen sogar einen Wellness-Bereich mit Garten-Pool im Sommer.

Landhaus Alwine
(033672) 72 82 27

km 16,1 Unmittelbar vor dem ***Wergensee*** biegen wir nach links ab zur *Selbstbedienungs-Schleuse Neubrück.* Hier wird man zum ersten Mal selbst zum Schleusenmeister. Das Schleusen ist problemlos und die Hinweis-Tafeln erklären, in welcher Reihenfolge die Kurbeln und Hebel betätigt werden müssen.

SB-Schleuse Neubrück
umtragen möglich

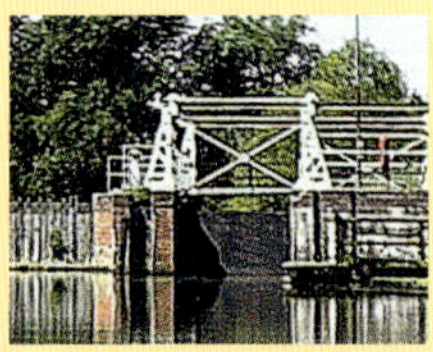

Am unkompliziertesten gelingt die Schleusung, wenn man mindestens zu zweit unterwegs ist. Solopaddler benötigen unbedingt ein ausreichend langes Seil, um das Boot in die Schleusenkammer treideln zu können. Zum Umtragen gibt es komfortable Stege im Ober- und Unterwasser, allerdings wird das Rangieren mit dem Bootswagen durch enge Geländer und Treppenstufen erschwert.

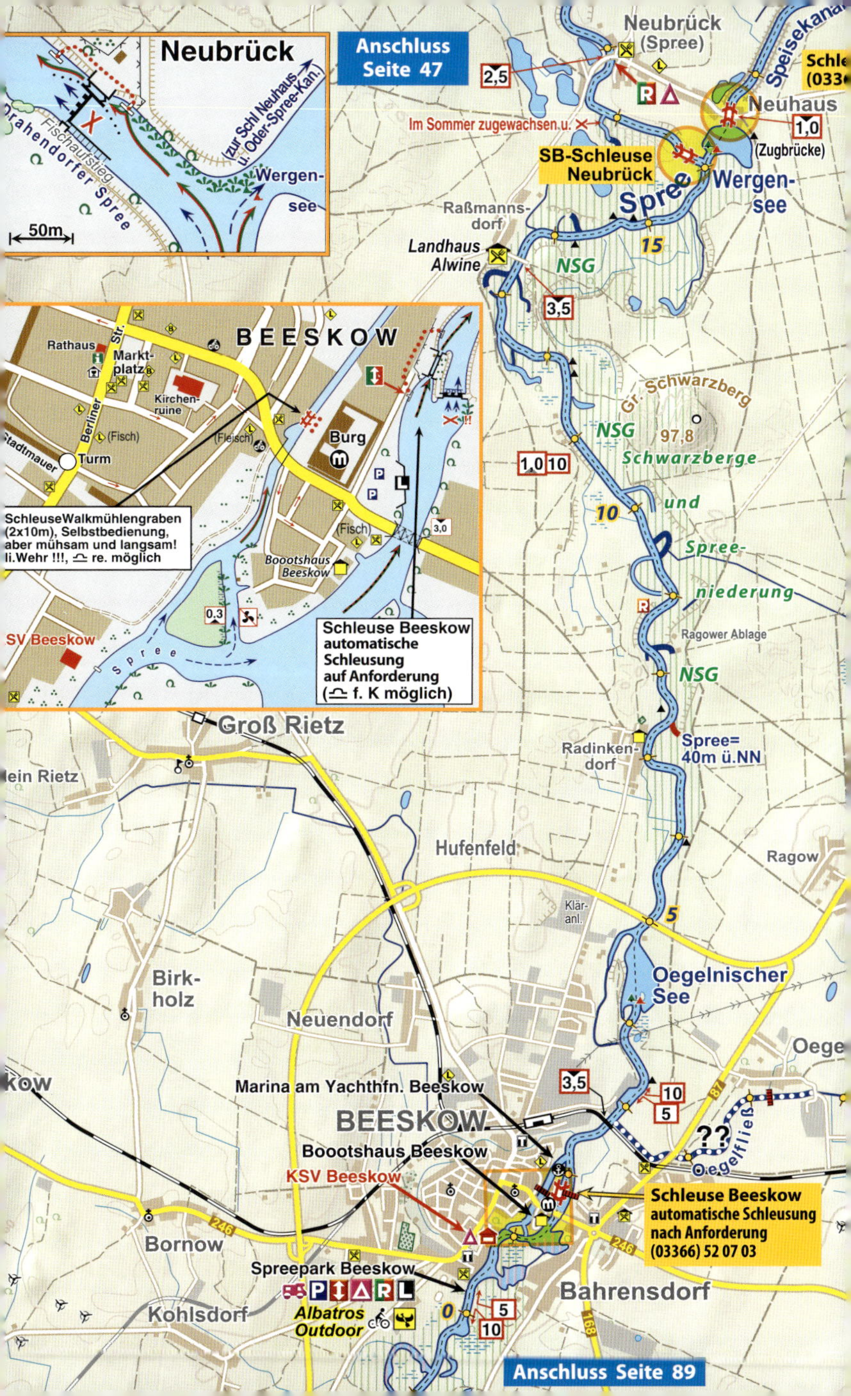
Anschluss Seite 47
Neubrück
Neubrück (Spree)
Neuhaus
Speisekanal
SB-Schleuse Neubrück
Wergensee
(Zugbrücke)
Im Sommer zugewachsen u.
Fischaufstieg
Drahendorfer Spree
(zur Schl Neuhaus u. Oder-Spree-Kan.)
50m
Raßmannsdorf
Landhaus Alwine
Spree
NSG
Gr. Schwarzberg
97,8
Schwarzberge und Spreeniederung
Ragower Ablage
Radinkendorf
Spree= 40m ü.NN
BEESKOW
Rathaus
Marktplatz
Kirchenruine
Berliner Str.
(Fisch)
(Fleisch)
Stadtmauer
Turm
Burg
Boootshaus Beeskow
SV Beeskow
SchleuseWalkmühlengraben (2x10m), Selbstbedienung, aber mühsam und langsam! li.Wehr !!!, re. möglich
Schleuse Beeskow automatische Schleusung auf Anforderung (f. K möglich)
Groß Rietz
Hufenfeld
Ragow
Kläranl.
Birkholz
Neuendorf
Oegelnischer See
Marina am Yachthfn. Beeskow
BEESKOW
Boootshaus Beeskow
KSV Beeskow
Oegelfließ
Schleuse Beeskow automatische Schleusung nach Anforderung (03366) 52 07 03
Bornow
Spreepark Beeskow
Albatros Outdoor
Kohlsdorf
Bahrensdorf
Anschluss Seite 89

km 17,9 Vor der Straßenbrücke in **Neubrück** bietet sich der ruhige idyllische *Wasserwanderrastplatz (nur Dixi-Klo, kein Trinkwasser)* am rechten Ufer für eine Pause an. Es ist anzuraten, einen 5 L-Wasserkanister mit Trinkwasser dabeizuhaben. Trinkwasser kann man jedoch auch beim gemütlichen *Eiscafé Hartmann* bekommen, das nebenan mit seiner Terrasse hoch über dem Ufer bei sommerlichen Temperaturen zum Eisschlecken lockt.

WWR
nur Dixi-Klo, kein Trinkwasser

Eiscafé Hartmann
(033672) 721 28

In einer der nächsten Kurven nähert sich die ***Drahendorfer Spree*** dem ***Oder-Spree-Kanal*** bis auf wenige Meter – die Hinweisschilder für die Großschifffahrt dort scheinen zum Greifen nahe.

Bis die Mündung in den Kanal erreicht ist, schlägt die ***Drahendorfer Spree*** aber noch so manchen Haken. Nun befinden wir uns im ***Naturschutzgebiet Rehagen***. An den Ufern gibt es den Wasserhahnenfuß und die Sumpfschwertlilie, die in ihrem Bestand zwar nicht gefährdet, aber als besonders geschützt eingestuft ist. Aber auch Kranich, Biber und Fischotter kann man beobachten.

NSG

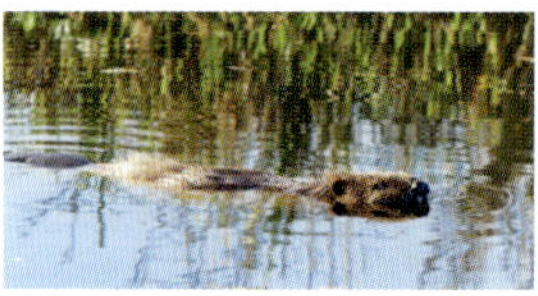

km 26,5 Nach einigen Mäandern kündigt sich der Ort **Drahendorf** durch ein paar Gärten am Ufer an, dann folgen die ersten Wohnhäuser und die Straßenbrücke überspannt die Spree.

km 26,8 500 Meter hinter der Brücke versperrt das hübsch anzuschauende *Nadelwehr Drahendorf* die freie Fahrt. Die Stahl-Lore von früher ist glücklicherweise durch einen leichten Alubootswagen ersetzt worden, so dass die ***Portage*** kein Problem darstellt.

Nadelwehr ❶ Drahendorf
links umtragen
Alubootswagen

km 28 (Kanal-km 88,7) Gegenüber der Mündung der ***Drahendorfer Spree*** in die ***Fürstenwalder Spree / Oder-Spree-Kanal*** südlich von **Briesen (Mark)** blickt am Nordufer des Kanals das ehemalige ***Forsthaus an der Spree*** auf eine wechselvolle Geschichte zurück.

Bis 1968 lebten hier verschiedene Förster und es gab einen Schankbetrieb. Die Staatssicherheit der DDR übernahm 1969 das Gelände und schirmte es mit Zäunen weiträumig von der Öffentlichkeit ab. Später fanden RAF-Terroristen der 2. Generation hier Unterschlupf, bekamen eine neue Identität und blieben so bis zum Ende der DDR weitestgehend unentdeckt. Nach der Wende mieteten zunächst die Naturfreunde das Gelände und betrieben ein Gästehaus. Heute ist das Areal an Dauercamper verpachtet und es gibt keine Übernachtungsmöglichkeiten für Wasserwanderer mehr. Die Pläne für einen naturnahen Hotel- und Gastronomiebetrieb liegen leider auf Eis.

Von hier führt ein drei Kilometer langer ***Naturlehrpfad*** Richtung **Briesen (Mark)**.

Die folgenden Kilometer auf der breiten, schnurgeraden Bundeswasserstraße bilden naturgemäß nicht gerade den Höhepunkt der Tour, wenngleich die befestigten Ufer immer wieder auch von Sumpfpflanzen überwuchert werden. In manchen Altarmen findet man herrliche ***Rastmöglichkeiten*** an sandigen Anlegestellen.

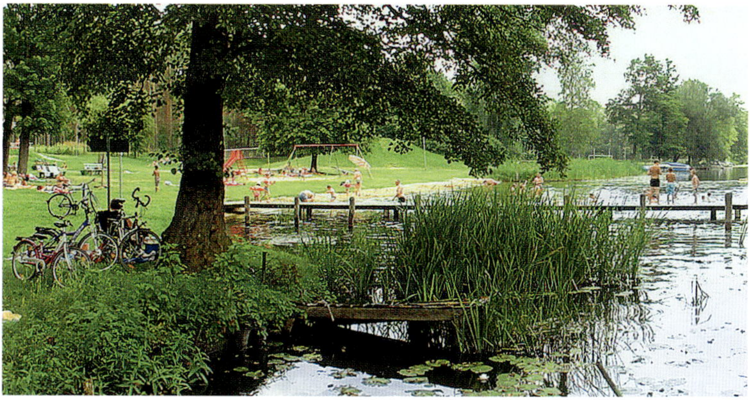

Die Badestelle im Spreearm bei Berkenbrück ist beliebt bei Groß und Klein

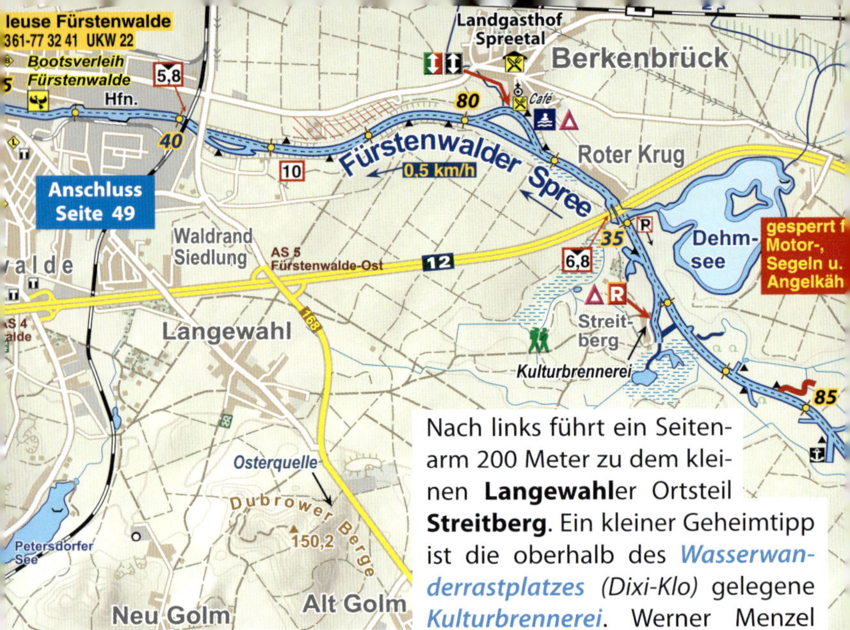

Nach links führt ein Seitenarm 200 Meter zu dem kleinen **Langewahl**er Ortsteil **Streitberg**. Ein kleiner Geheimtipp ist die oberhalb des *Wasserwanderrastplatzes (Dixi-Klo)* gelegene *Kulturbrennerei*. Werner Menzel brennt hier vor allem Obst aus eigenem Anbau und von nahen Obstbauern. Gewaschen werden die Früchte von Hand, gefeuert wird ganz traditionell mit Holz. Nach der Verkostung können die edlen Brände im Hofladen erworben werden.

km 34
(Kanal-km 83)

WWR Langewahl - Streitberg

Kulturbrennerei
keine festen Öffnungszeiten
Bitte anmelden
0172-391 58 19

Von hier aus führt auch eine *Wanderung (ca. 12 km hin & zurück)* zur ***Osterquelle*** in den ***Dubrower Bergen***. Ausgedehnte Waldbestände erstrecken sich über diese eiszeitlich geformte Endmoräne.

km 35
(Kanal-km 81,8)

Vor der Autobahnbrücke der A12 führt ein kleiner Abzweig zum ***Dehmsee***, wo auf der Insel Fischwerder Kormorane, Seeadler und Blesshühner brüten.

km 36,5
(Kanal-km 80,3)

WWR Berkenbrück
(033634) 691 69

Nach etwa 8 km Kanalpaddelei bietet der in einem rechten Altarm gelegene *Wasserwanderrastplatz* **Berkenbrück** eine willkommene Gelegenheit zum Landgang. Neben dem *Flussfreibad* lockt die Terrasse des *Bistros Strandidyll (Mai-Okt)* mit leckeren Imbiss-Angeboten, wechselnden Tagesgerichten sowie Eis und Kuchen. Wem es hier gefällt, der darf für eine Nacht sein Zelt am Ufer aufschlagen.

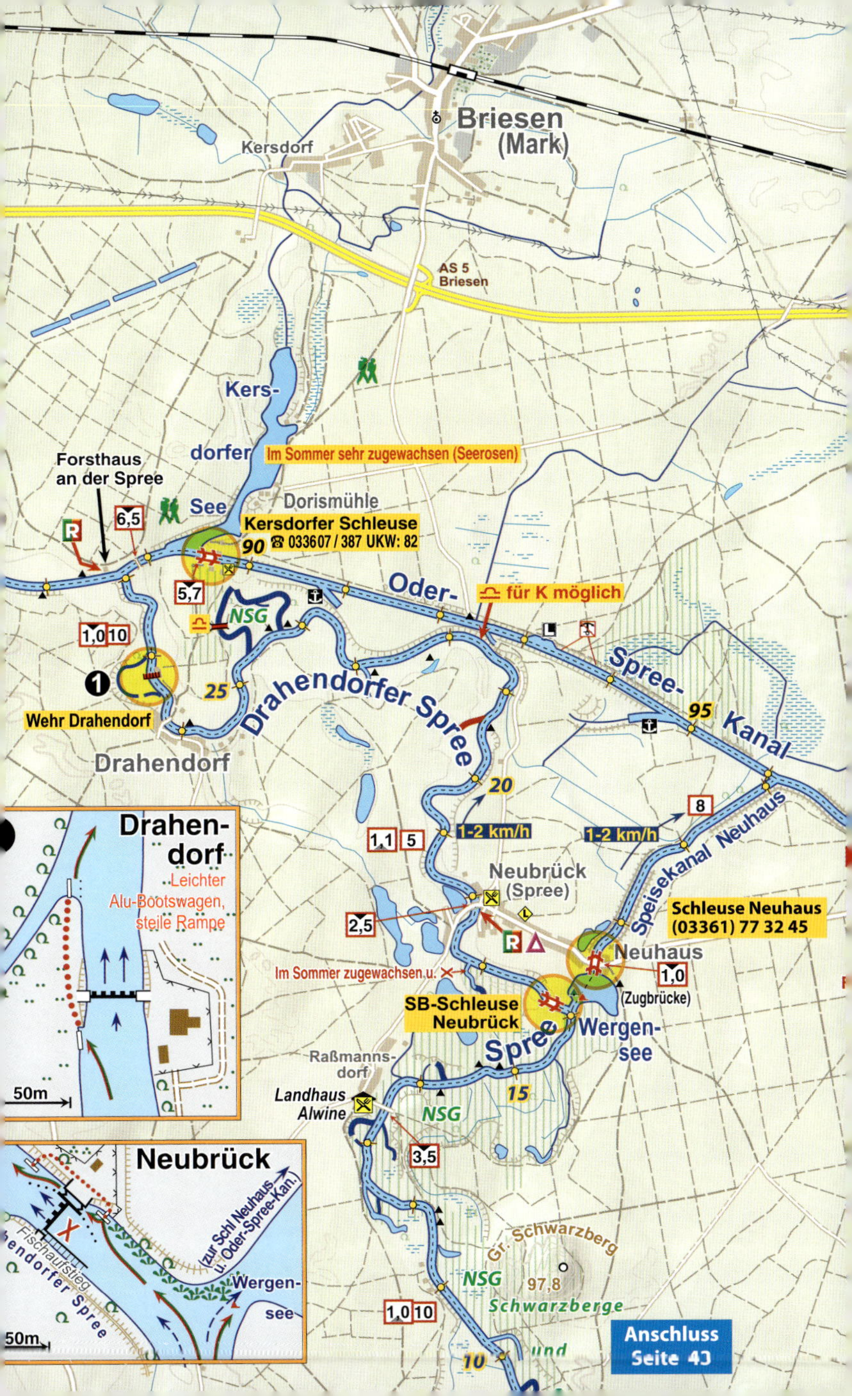

Briesen
(Mark)
Kersdorf
AS 5
Briesen
Kers-
dorfer
See
Im Sommer sehr zugewachsen (Seerosen)
Forsthaus
an der Spree
6,5
Dorismühle
Kersdorfer Schleuse
☎ 033607 / 387 UKW: 82
90
5,7
NSG
Oder-
für K möglich
Spree-
95
Kanal
1,0 10
1
25
Wehr Drahendorf
Drahendorfer Spree
Drahendorf
20
1,1 5
1-2 km/h
1-2 km/h
8
Speisekanal Neuhaus
Neubrück
(Spree)
Schleuse Neuhaus
(03361) 77 32 45
2,5
Neuhaus
1,0
(Zugbrücke)
Im Sommer zugewachsen u.
SB-Schleuse
Neubrück
Spree
Wergen-
see
Raßmanns-
dorf
15
Landhaus
Alwine
NSG
3,5
Gr. Schwarzberg
NSG
97,8
Schwarzberge
1,0 10
10
und
Anschluss
Seite 43
Drahen-
dorf
Leichter
Alu-Bootswagen,
steile Rampe
50m
Neubrück
(zur Schl Neuhaus
u. Oder-Spree-Kan.)
Fischaufstieg
Drahendorfer Spree
Wergen-
see
50m

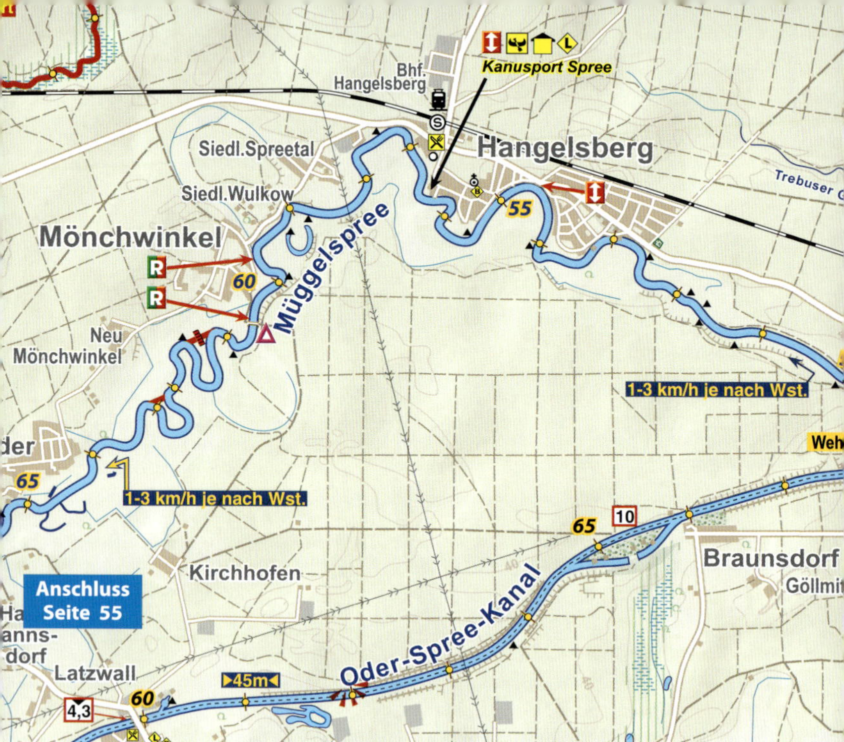

Auf der Straße sind es etwa 400 Meter in die Mitte des Örtchens **Berkenbrück**, dessen bekanntester Bürger der Schriftsteller Hans Fallada war. *Allerdings verweilte er nur für ein Jahr hier, bis die Nazis ihn 1933 verhafteten und ins Fürstenwalder Gefängnis steckten. Nachdem ihn ein von Falladas Frau und Verleger zu Hilfe gerufener renommierter Berliner Anwalt wieder auf freien Fuß bekam, kehrte Fallada Berkenbrück für immer den Rücken.*

Landgasthof Spreetal
(033634) 691 69
Do-So 12-21

In der Ortsmitte unterhalten die netten Betreiber des Strandidylls auch den ***Landgasthof Spreetal.*** Wer ein komfortableres Nachtquartier dem Zelt vorzieht, wird auf Wunsch vom Betreiber mitsamt Kanu vom Strandidyll abgeholt. Die gutbürgerliche, raffinierte Küche im Gasthof kann einen hungrigen Paddler schon schwach machen.

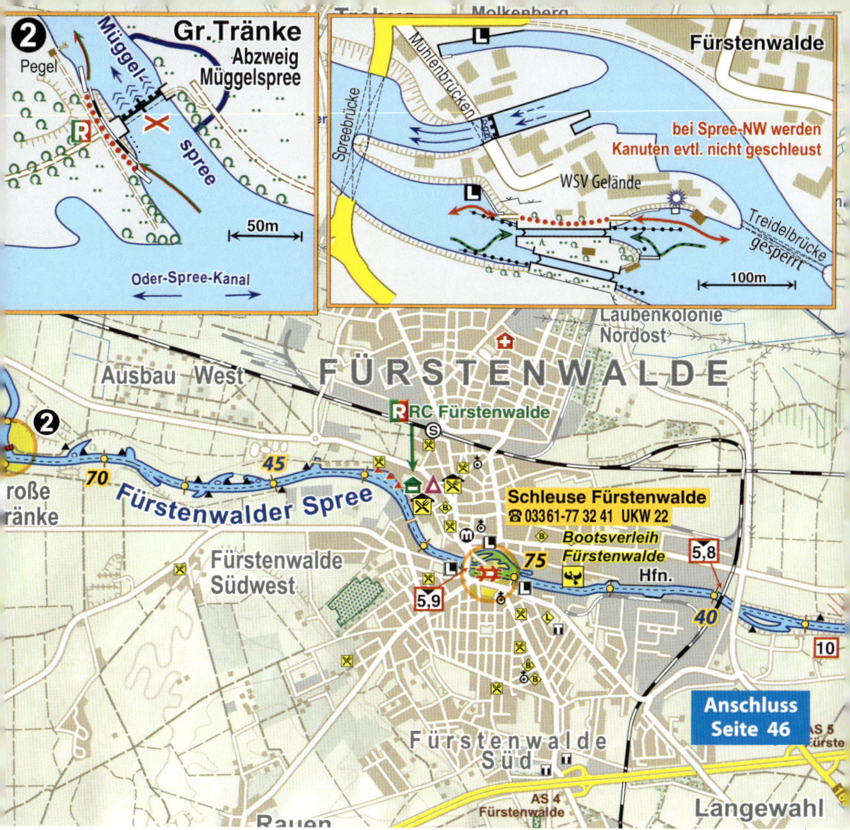

Die *Stadtschleuse Fürstenwalde* ist schnell erreicht. Sie wurde bereits 1891 errichtet und ist eine von vier Schleusen des Oder-Spree-Kanals die den Höhenunterschied auf dem Weg des Kanals von der Spree zur Oder ausgleichen *(Apr-Okt Mo-Fr 6-20, Sa, So+Fei. 8.30-18, Nov-Mär tgl. 8-17.30, eine Bootsschleppe ist vorhanden).*

km 42,1
(Kanal-km 74,7)

Stadtschleuse Fürstenwalde
(03361) 77 32 41

Die Ufer werden zusehends städtischer und hinter der Hängebrücke liegt am rechten Ufer das Vereinsgelände des *Ruderclubs Fürstenwalde*, wo Wasserwanderer das Zelt aufstellen dürfen oder in der Villa Strohsack (nach Anmeldung) übernachten können.

km 43,6
(Kanal-km 73,2)

Ruderclub Fürstenwalde
(03361) 739 48 82

Direkt nebenan bietet das Hotel und Restaurant

Blick auf Fürstenwalde

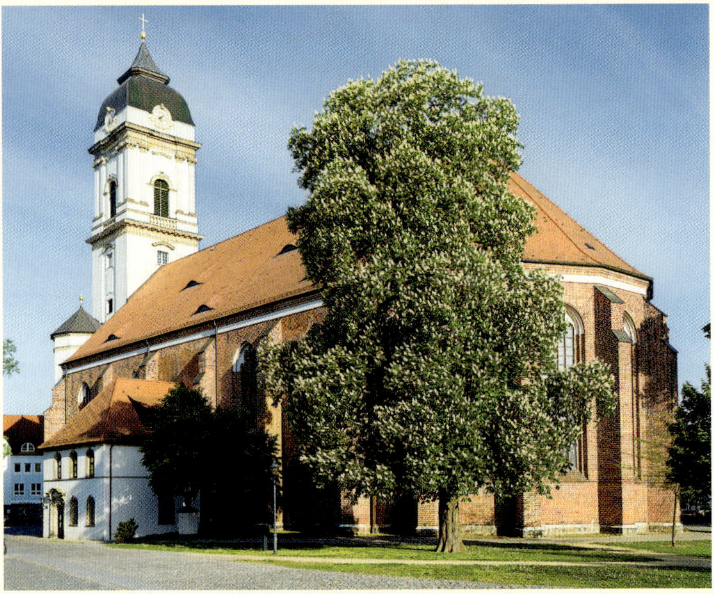

Dom St. Marien zu Fürstenwalde

Fürstenwalde wurde im 13. Jahrhundert von den Askaniern gegründet und entwickelte sich schnell zu einer der wohlhabendsten Städte in der Mark Brandenburg, da die Spree zu dieser Zeit nur bis hierhin schiffbar war und die Waren für den weiteren Transport umgeschlagen werden mussten.

Ende des 15. Jahrhunderts ließen die Bischöfe von Lebus ihre Residenz von der Oder nach Fürstenwalde verlegen und es entstand der Dom St. Marien und noch heute ist Fürstenwalde neben Brandenburg und Havelberg eine der drei märkischen Domstädte.

In der ehemaligen Domschule gibt das Museum Fürstenwalde einen Einblick in die Entwicklung der Stadt. Zweites prägendes Gebäude im Zentrum von Fürstenwalde neben dem Dom ist das Ende des 15. Jahrhunderts erbaute Alte Rathaus mit einem sehenswerten Giebel.

Am einfachsten lässt sich Fürstenwalde auf einem der beiden ausgeschilderten Rundwege von 1,5 und 3,5 Kilometern Länge erkunden. Dazu gibt es in der Touristinformation ein Faltblatt mit knappen Hinweisen zu den wichtigsten Gebäuden, Orten und Plätzen.

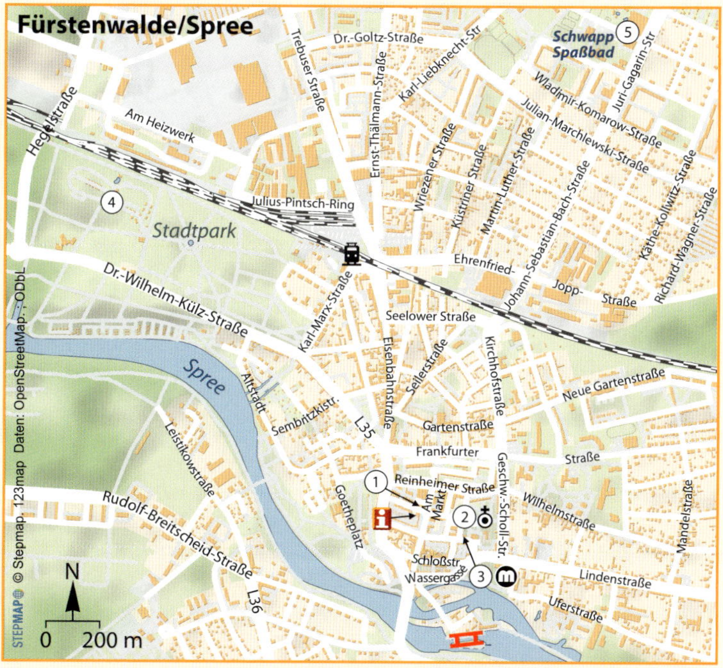

i ***Fürstenwalder Tourismusverein e.V.*** Mühlenstraße 1, Tel. (03361) 76 06 00, www.fuerstenwalde-tourismus.de

---

① ***Altes Rathaus.*** Ende 15. Jh., Turm von 1624. *Am Markt/Ecke Rathausstr.*

① ***Rathausbrauerei Fürstenwalde*** (mit Museum und Brauerei). *Di-So, Am Markt 1, Tel. (03361) 760 08 41,* www.brauereimuseum-fuerstenwalde.de

② ***Dom St. Marien.*** Dreischiffige gotische Backsteinhallenkirche.

③ ***Museum Fürstenwalde*** Zeugnisse der Regional- & Stadtgeschichte sowie geolog. Gesteinssammlung. *Apr-Okt Di-So 13-17, Nov-Mär Di-So 13-16, Domplatz 7, Tel. (03361) 21 30,* www.museum-fuerstenwalde.de

④ ***Heimattiergarten Fürstenwalde.*** 700 in Europa heimische Tiere in 72 Arten. *Apr-Sep tgl. 9-18 (Okt-Mär bis 16), 6 €, Dr.-Wilhelm-Külz-Str. 10 b, Tel. (03361) 45 41,* www.heimattiergarten-fuerstenwalde.de

⑤ ***Schwapp.*** Sport- und Spaßbad mit Saunalandschaft.
Sportbad tägl. geöffnet mit wechselnden Zeiten, Spaßbad Do-So 10-20, Sauna tägl. 10-20, Große Freizeit 1, Tel. (03361) 363 70, www.schwapp.de

Haus am Spreebogen
(03361) 59 63 40

Haus am Spreebogen 13 komfortable Zimmer für die Übernachtung. Das Restaurant lockt mit seiner schönen Terrasse, die einen freien Blick auf den ***Oder-Spree-Kanal*** gewährt, und regionaler sowie internationaler Küche und einer reichhaltigen Auswahl an vegetarischen Gerichten.

Von hier sind es nur wenige Schritte in die Innenstadt von **Fürstenwalde** mit dem ***Dom St. Marien***, der mit seinem fast 70 Meter hohen Turm seit 1470 das Wahrzeichen der Stadt darstellt.

km 48
(Kanal-km 69)

Wehr ❷
Große Tränke
50 m umtragen
Bootsschleppe

Hinter Fürstenwalde stehen noch einmal knapp fünf Kilometer Kanalpaddelei auf der Oder-Spree-Wasserstraße an, bis am *Wehr Große Tränke* die ***Müggelspree*** rechts abzweigt. Wie gewohnt ist die Bootsschleppe sehr schwer und sperrig und das Kanu daher mit dem eigenen Bootswagen schneller und einfacher umgesetzt. Die Mühen für den Landtransport werden umgehend belohnt, denn voraus wartet ein sehr naturnaher und idyllischer Flussabschnitt auf seine Entdeckung.

Vom Wehr Große Tränke bis zum Dämeritzsee bei Erkner darf die Müggelspree in ihrem ursprüng-

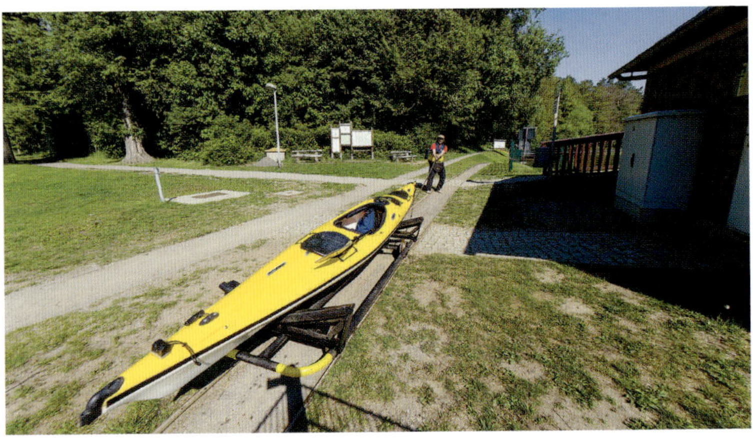

Auch das Nachfolgemodell der Bootsschleppe am Wehr Große Tränke ist nicht handlich

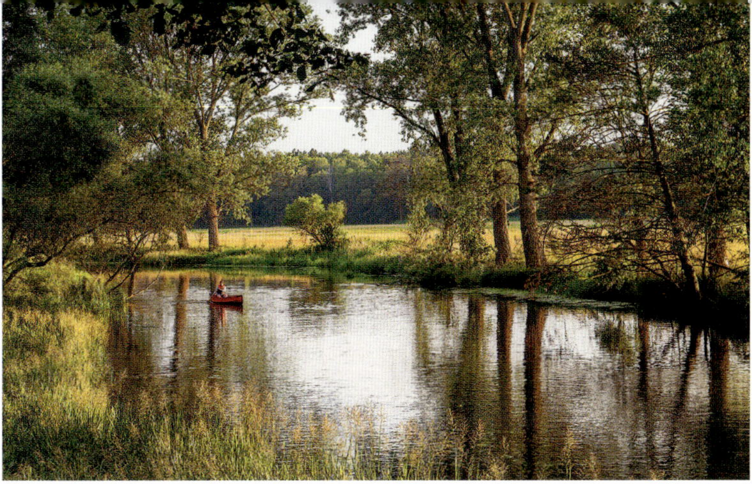

Entlang naturbelassener Ufer geht es auf die Kanustation Hangelsberg zu

lichen Bett fließen. Sie ist maximal 30 Meter breit und windet sich in unzähligen Schleifen mit einer erstaunlich flotten Strömung vorbei an mit Pappeln, Birken und Schwarzerlen gesäumten Ufern und entlang ausgedehnter Wiesen und Viehweiden. Auf dem Wasser lassen sich Enten, Höckerschwäne, Eisvögel und Graureiher beobachten.

Schließlich kündigen die bis zum Flussufer reichenden Wassergrundstücke am rechten Ufer die nächste Ortschaft an.

Erster Vorposten des Ortes **Hangelsberg** ist die schöne ***Badestelle*** mit Sandstrand am rechten Ufer, die zu einer Pause am Ufer und einem Bad im klaren Wasser der ***Müggelspree*** einlädt.

km 56,3

KanuSport Spree
(033632) 67 97 14

Am Ende des Ortes liegt, ebenfalls am rechten Ufer, die Kanustation ***KanuSport Spree.*** Hier stehen ein Appartment, eine Ferienwohnung sowie ein Doppel- und ein Mehrbettzimmer zur Verfügung. Auf der Website kann die Verfügbarkeit geprüft und auch gleich eine Übernachtung gebucht werden.

Für Kanuten ohne eigenes Boot gibt es eine große Auswahl an Mietkanus und wer den Kocher kalt lassen möchte, kann in der nahen *Gaststätte „Zum Forsthof“* bei gutbürgerlicher Küche einkehren.

Gaststätte Zum Forsthof
(033632) 591 03
Mi/Do 12-15, Fr ab 17, Sa/So ab 12

Hangelsberg bietet sich aufgrund der verkehrsgünstigen Lage (30-40 Bahnminuten zum Berliner Zentrum) nicht nur hervorragend zum Tourenstart für die Märkische Rundfahrt an, sondern auch um in den ***66-Seen-Wanderweg*** einzusteigen, der hier vorbeiführt.

i Der 66-Seen-Wanderweg

führt als Rundkurs auf insgesamt knapp 400 Kilometern einmal um den Großraum Berlin und erschließt dabei den gesamten Querschnitt der brandenburgischen Landschaft, der von ausgedehnten Laubwäldern im Norden über die Schlösser- und Parklandschaften im Westen sowie Nadelwald im Süden bis zu naturnahen Auwäldern im Osten reicht.

Der Weg ist durchgehend mit einem blauen Punkt auf weißem Grund markiert und in 17 Tagesetappen eingeteilt. Aufgrund der guten Anbindung an den öffentlichen Personennahverkehr lassen sich auch einzelne Abschnitte gut wandern. Buch-Tipp: Reiseführer-„66-Seen-Wanderung“: Zu den Naturschönheiten rund um Berlin, *Trescher Verlag*

km 59,7 Die letzten Häuser von Hangelsberg zurücklassend, rücken wieder die Wiesen und Weiden an die Ufer. Eine gute Gelegenheit zur Vesper im weiteren Tourenverlauf bietet der ***Anleger*** in **Mönchwinkel** mit einigen Sitzbänken am rechten Ufer.

km 60,6 Die nächste *Pausenmöglichkeit* lässt nicht lange auf sich warten, bei den Sitzbänken am rechten Ufer vor der nächsten Straßenbrücke. Auf der *Biwakwiese* am linken Ufer hinter der Brücke dürfen Radler und Wasserwanderer nach Brandenburgischem Naturschutzgesetz für eine Nacht das Zelt aufbauen, Sanitäreinrichtungen gibt es aber nicht.

Im nun folgenden Abschnitt wurden in kurzem Abstand zwei Altarme renaturiert und sind wieder durchgängig befahrbar, was die Strecke von Han-

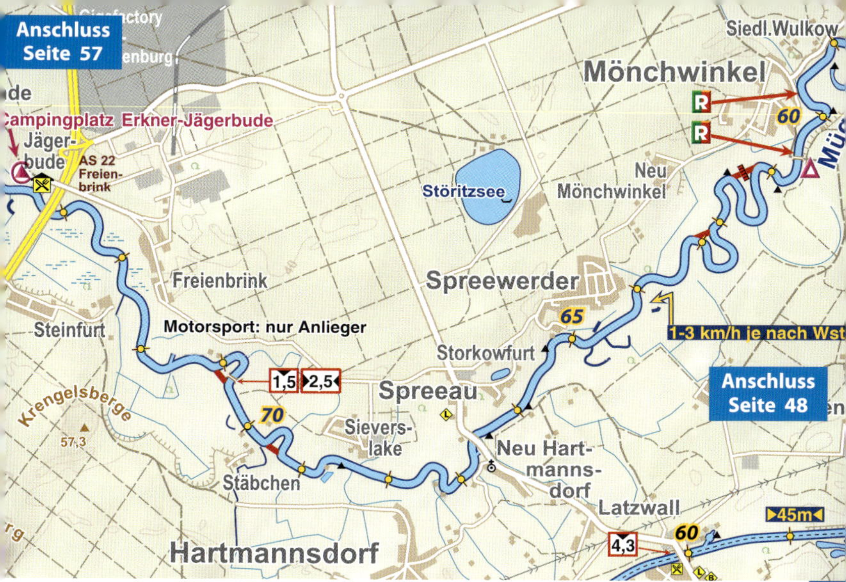

gelsberg nach Erkner entsprechend verlängert. Im glasklaren Wasser kann man bis auf den Grund schauen, wo sich Wasserpflanzen in der Strömung wiegen und zahlreiche Fische das Kanu begleiten.

km 68,4

Bald passieren wir **Sieverslake**, das Dörfchen ist vom Wasser aus jedoch kaum auszumachen.

km 74,5

Direkt hinter der Autobahnbrücke der A 10 liegt in einem ***Altarm*** am rechten Ufer der ***Anleger*** des *Campingplatzes Jägerbude*, wo eine *Gaststätte* die Möglichkeit zur Einkehr bietet und sich für Campingmuffel gar in der *Pension* ein Zimmer findet.

Campingplatz Jägerbude
(03362) 88 80 84

Pension Jägerbude
(03362) 88 86 10

Der Autolärm vom Berliner Ring verklingt schnell und auf den folgenden Kilometern lässt sich noch einmal eine sehr idyllische und naturnahe Uferlandschaft genießen.

km 77,3

Knapp drei Kilometer weiter biegt die ***Müggelspree*** auf Höhe von **Neu Zittau** in einer weiten Rechtskurve nach Norden ab. Hinter der Straßenbrücke kann man sich am linken Ufer bei *Spreeboard* im Liegestuhl bei einem Getränk erfrischen.

Kanu & SUP Spreeboard
0176-83 688 688

Aufgrund seiner idyllischen Lage am Spreeufer und der geringen Entfernung zu Berlin entwickelte sich das kleine Dorf **Neu Zittau** schon Ende des 19. Jahrhunderts zu einem beliebten Ausflugsziel der Großstädter. Unweit der Neu Zittauer Kirche von 1763 dokumentiert das **Heimatmuseum** in der Geschwister-Scholl-Str. 72 mit vielen liebevoll zusammengetragenen Exponaten die Dorfgeschichte.

Heimatmuseum
(03362) 84 22
So 14-17

Im Einzugsbereich von Berlin ließ Friedrich II. durch Kolonisten Dörfer gründen um Feinspinner aus Sachsen anzusiedeln, so auch im Jahre 1753 Neu Zittau. Sie sollten den begehrten Rohstoff Wolle im eigenen Land produzieren. Trotz aller Bemühungen wollte sich die Spinnerei nicht so richtig entwickeln und viele der Siedler verließen den Ort wieder. Einen bescheidenen Wohlstand brachte dann die Schifffahrt auf der Spree. 1806 wurde ein Schifferverein gegründet und 80 Jahre später zählte die Schifferinnung 67 Mitglieder. Mit dem Bau des Oder-Spree-Kanals 1891 versandete die Spree zusehends und die Schifferei verlagerte sich immer stärker ins nahe Wernsdorf.

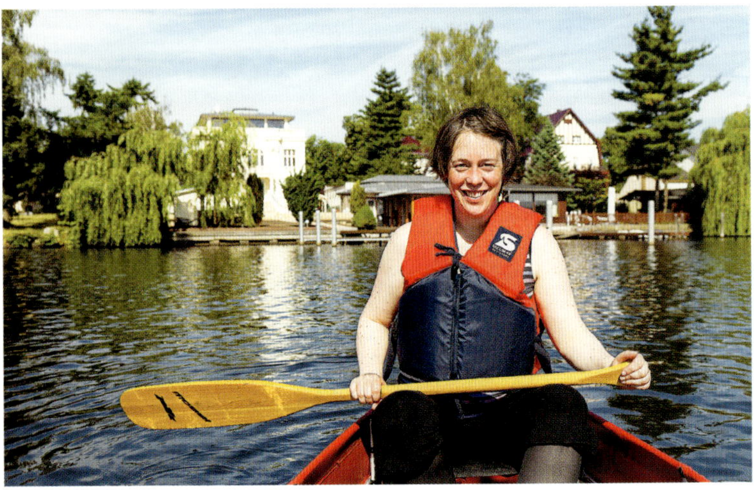

Prächtige Villen am Ufer des Dämeritzsee

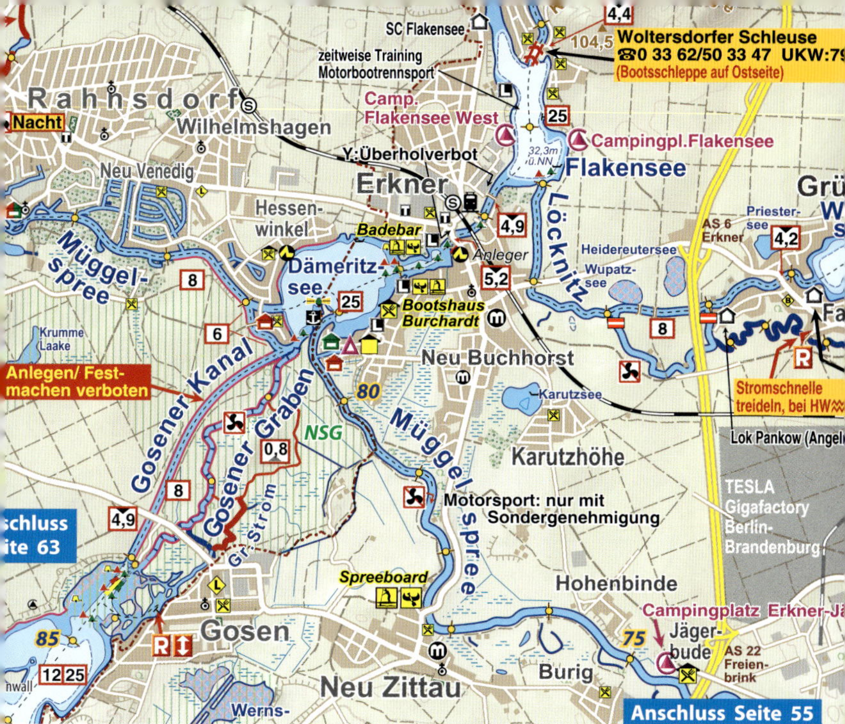

Von der Straßenbrücke in Neu-Zittau sind es nun noch etwa vier Kilometer bis zum Dämeritzsee. Die Flussufer bleiben zwar grün, aber die ***Müggelspree*** ist doch recht stark kanalisiert und oft reichen die Grundstücke bis ans Wasser. An den wenigen freien Stellen tummeln sich Angler, so dass sich bis zur Mündung in den ***Dämeritzsee*** praktisch keine Möglichkeit mehr zur Rast bietet.

km 77,5

Eine Reihe von Wassersportvereinen kündigt die Mündung der ***Müggelspree*** in den ***Dämeritzsee*** an.

Am rechten Ufer bietet erst der *KC Erkner*, dann der *Ruderverein Wasserfreunde Erkner* die Möglichkeit das Zelt aufzubauen oder die Isomatte in den Übernachtungsräumen auszurollen.

km 80,7

Kanu Club Erkner
0173-619 49 21
0170-283 21 88

RV Wasserfreunde Erkner
(03362) 32 59

Der ***Dämeritzsee*** bietet 2 Möglichkeiten zur Weiterfahrt. Um gleich weiter der Märkischen Umfahrt zu folgen, paddelt man am Südufer des Dämeritzsees sofort nach links. Oder man entscheidet sich für einen Abstecher in die Stadt **Erkner** – dann hält man sich ans rechte Ufer und überquert den Dämeritzsee in nordöstliche Richtung.

i Abstecher nach Erkner *(3 km)*

km 81 Mündung Müggelspree / Dämeritzsee

Im Gegensatz zur einsamen und ruhigen Fahrt auf der Müggelspree, wo Kanuten unter sich bleiben, geht es auf dem ***Dämeritzsee*** sehr lebhaft zu. Er ist Knotenpunkt im beliebten Seengebiet südöstlich von Berlin zwischen den ***Rüdersdörfer Gewässern*** im Norden, dem ***Müggelsee*** im Westen sowie dem ***Gosener Kanal*** und ***Seddinsee*** im Süden. Zahllose Freizeitkapitäne flitzen in ihren Motorbooten und -yachten kreuz und quer übers Wasser.

Bootshaus Burchardt
01577-348 65 63

Der Betreiber des wenige 100 Meter weiter gelegenen schönen Wassergrundstücks vom ***Bootshaus Burchardt*** bietet neben Motorbooten auch Kanu-, Ruderboote und SUPs zur Miete an.

km 82,6 Dämeritzsee

Der ***öffentliche Anleger*** von **Erkner** im Osten des Sees ist weithin sichtbar mit dem Symbol „Gelbe

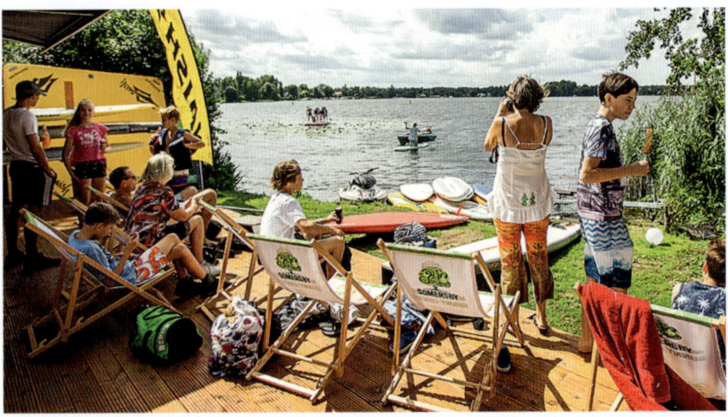

Badebar mit Kanu & SUP-Vermietung im Nordosten des Dämeritzsees

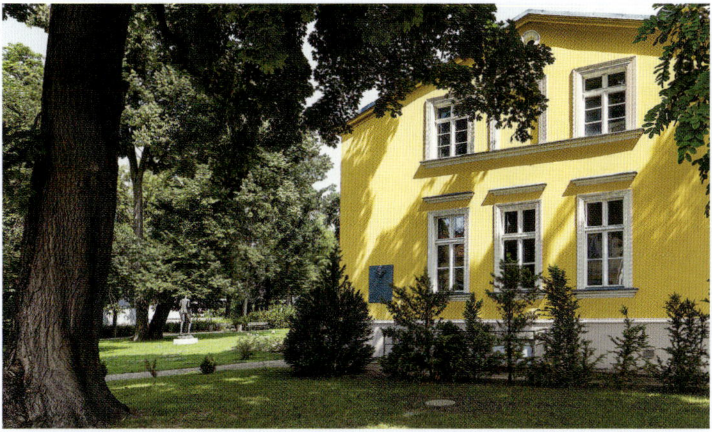

Seit 1987 ist die Villa Lassen in Erkner Sitz des Gerhart-Hauptmann-Museums

Welle" gekennzeichnet. Er liegt direkt am Rathauspark. Für den kleinen ***Hunger*** oder den großen ***Einkauf*** findet man in der kleinen Stadt jede Menge Auswahl. Auf der Straße nach links über die Brücke sind es wenige Schritte zum ***Bahnhof***.

Ein kurzer Spaziergang vom ***Anleger*** in die entgegengesetzte Richtung führt zunächst zur ehemaligen ***Villa Lassen***, wo das **Gerhart-Hauptmann-Museum** an den Dichter und Nobelpreisträger erinnert, der von 1885 bis 1889 in Erkner lebte.

Gerhart-Hauptmann-Museum
(03362) 36 63
Di-So 11-17

Knapp einen Kilometer weiter dokumentiert das im ***ältesten mitteldeutschen Haus*** aus der Zeit der friderizianischen Binnenkolonisierung untergebrachte ***Heimatmuseum***, die wichtigsten Epochen der Stadtgeschichte. Der ***Museumsgarten*** zeigt verschiedene Kräuter- & Gemüsepflanzen.

Heimatmuseum Museumshof am Sonnenluch
(03362) 224 52
Mi, Sa, So 12-16

km 82
Dämeritzsee

Im Nordosten des Dämeritzsees liegt die ***Badebar Erkner*** *(Kanu- & SUP-Vermietung im Sommer tgl. ab 11/12 Uhr)*, wo man von der Dachterrasse *(ab 14/16 Uhr, Kiosk ab 12)* bei einem Longdrink den weiten Blick über den See genießen kann.

Badebar Erkner
0176-50 70 00 28

km 81 Zur Fortsetzung der Märkischen Umfahrt (ohne Abstecher nach Erkner), paddelt man nach der Ausfahrt aus der Müggelspree auf dem ***Dämeritzsee*** nach links, umrundet die kleine Halbinsel und schlägt zusammen mit den zahlreichen Motorbooten einen Kurs in Richtung Südosten ein.

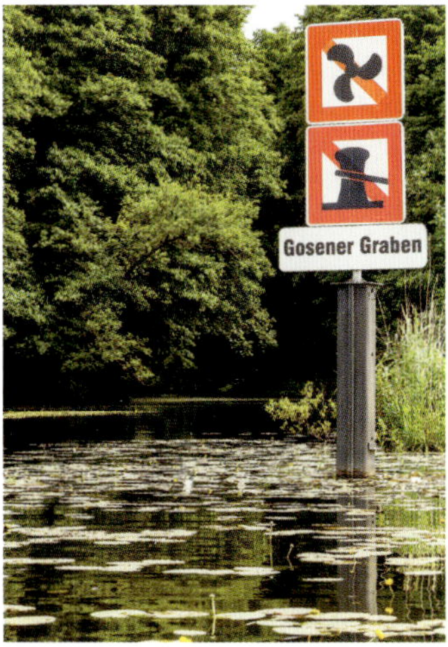

Paddlers only - Motorbootkapitäne müssen den Gosener Kanal ansteuern

Die Freizeitkapitäne steuern ihre Yachten auf dem Weg zum ***Seddinsee*** in den ***Gosener Kanal***, Paddler halten die Bootsspitzen etwas weiter nach links, um in den idyllischen ***Gosener Graben*** zu gelangen. Für Motorboote gesperrt, ist die Idylle nun perfekt, sieht man einmal von den Myriaden von Mücken ab.

Adlerfarn leuchtet sattgrün im Gegenlicht, die hohen Bäume hüllen mich in einen schattigen Tunnel und fast zu
km 84 schnell ist hinter der viel befahrenen Brücke, die Neu Zittau mit Köpenick verbindet, der ***Seddinsee***
NSG erreicht, wo die ***Gosener Wiesen*** enden, mit 402 Hektar Berlins größtes ***Naturschutzgebiet***.

Es zeichnet sich durch eine große Artenvielfalt aus. Allein 652 Farn- und Blütenpflanzen, seltene Fischarten, Brutvögel wie Wachtelkönig, Kranich, Eisvogel und Trauerseeschwalbe und sogar der Fischotter, sind hier vertreten.

Bitte nicht zwischen den Insel fahren ! Naturschutz !

Wahrscheinlich ist vielen die Größe gar nicht bewusst, sind doch die Feuchtwiesen und Bruchwälder weitgehend unzugänglich und dürfen, wie auch die vorgelagerten Inseln, weder betreten, noch darf zwischen ihnen gefahren werden.

km 84,5 Nur auf einer erlaubten Fahrrinne zwischen den Inseln kann man zum öffentlichen Anleger von

Gosen gelangen. Linker Hand versteckt sich zwischen den beiden Inseln ***Dommelwall*** und ***Nixenwall*** inmitten ausgedehnter Seerosenfelder die schmale Durchfahrt, an deren Ende die schöne ***Rastwiese*** von **Gosen** liegt.

Wer den Proviant aufstocken möchte, findet in fußläufiger Entfernung über den Uferweg das große ***Einkaufszentrum Müggelpark*** *(ca. 1 km)*.

Solino im Märkischen Hof
(03362) 883 40 50
Mi-Fr ab 14 Uhr
Sa+So ab 12

Etwa auf halber Strecke lädt das ***Solino im Märkischen Hof*** an der Storkower Straße zu italienischer Küche. Wem der Sinn bei hochsommerlichen Temperaturen eher nach einer kühlen Erfrischung steht, kann dagegen im ***Eiscafé Eichi's Backstube*** in unmittelbarer Nachbarschaft einkehren.

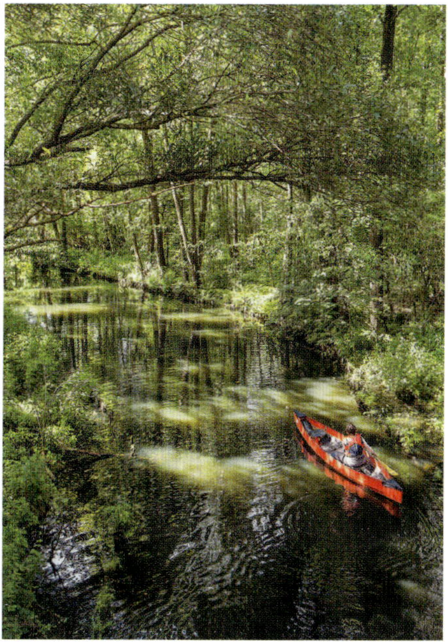

Ein Traum in Grün: Der Gosener Graben

Besonders an Sommerwochenenden herrscht auf dem ***Seddinsee*** buntes Treiben und auf dem Wasser ist von großen Segelyachten über Motorbooten bis hin zu Jetskis alles unterwegs, was schwimmt.

Mitten im See liegt die kleine ***Insel Seddinwall***. Der ehemalige Naturzeltplatz des Landeskanuverbands Berlin ist leider aufgelöst und das Betreten der Insel ist untersagt.

km 85,6

Um das Eiland rankt sich folgende Geschichte, über deren ersten Teil Theodor Fontane in seinen *„Wanderungen durch die Mark Brandenburg"* erzählt:

Die Geschichte von „Robin´s Eiland"

Fischer Kanis, der in der Nähe des Ortes Gosen eine Fähre unterhielt, schaffte, eifersüchtig wie er war, beim Einmarsch von Napoleons Soldaten nach Köpenick im Jahre 1806 seine schöne Frau Hanne auf die einsame Insel, um sie vor den „wilden" Besatzern zu schützen. Es gefiel ihm aber dort so gut, dass er auch nach Abzug der Besatzer blieb, auch als seine Frau längst gestorben war. Als er aber im Oktober 1850 weder auf dem Markt noch zum Gottesdienst erschien, fuhren die Schmöckwitzer Fischer auf die Insel und fanden ihn tot vor seinem Haus auf einem Schilfbündel sitzen.

1899 fiel die Insel an den Landwirt Hermann Kersten, der die Insel urban machte und Hunderte von Bäumen und Sträuchern pflanzte. Noch heute finden sich wilde Obstbäume, Ebereschen und Kastanien auf der Insel. Das alte Wohnhaus baute er zum Landhaus aus und 1905 bekommt er gar die Erlaubnis Bier auszuschenken. Bei den Umbauarbeiten stößt er auf eine archäologische Sensation. Eine vorgeschichtliche Koch- und Wohngrube fördert uralte ornamentale Tongefäße und Bernstein so groß wie eine Streichholzschachtel zutage. Die Funde sind 4.000 Jahre alte Zeugen der Steinzeit.

In Berliner Zeitungen beworben, wird „Robin's Eiland", wie die Insel damals hieß, zu einem beliebten Ausflugsziel der Berliner. Zu den Stammgästen gehörten selbst Bardamen aus der Französischen Straße, was dem Ruf der Insel nicht immer förderlich war. Eine Familie Fahrenholtz erwarb 1909 die Insel und betrieb ebenfalls eine Restauration bis der Zweite Weltkrieg dazu führte, dass die Gäste ausblieben und das Restaurant schließen musste. Die Insel war leer als 1950 der Kanuverband der DDR die Insel pachtete und einen naturnahen Zeltplatz einrichtete.

km 88 Am südlichen Ende des Seddinsees ist das ***Wasserstraßenkreuz*** bei **Schmöckwitz**, dem südlichsten Ortsteil von Berlin, erreicht und die Märkische Umfahrt trifft auf die ***Dahme*** (Ende der Dahme-Wasserstraße, ***DaW km 0,0***), der man nun flussaufwärts nach Süden folgt.

Restaurant Strandlust
(030) 98 37 90 94
Mär-Okt
Di-So ab 11

Hinter der ***Strandlust***, einem alten holländischen Kaffeekahn von 1872 und Berlins ältestes Restaurantschiff – leckere Fischgerichte, schöne Terrasse, toller Blick – biegt die Route nach Südwesten ab. Unter der Brücke hindurch geht es auf den ***Zeuthener See***, eine seeartige Erweiterung der Dahme.

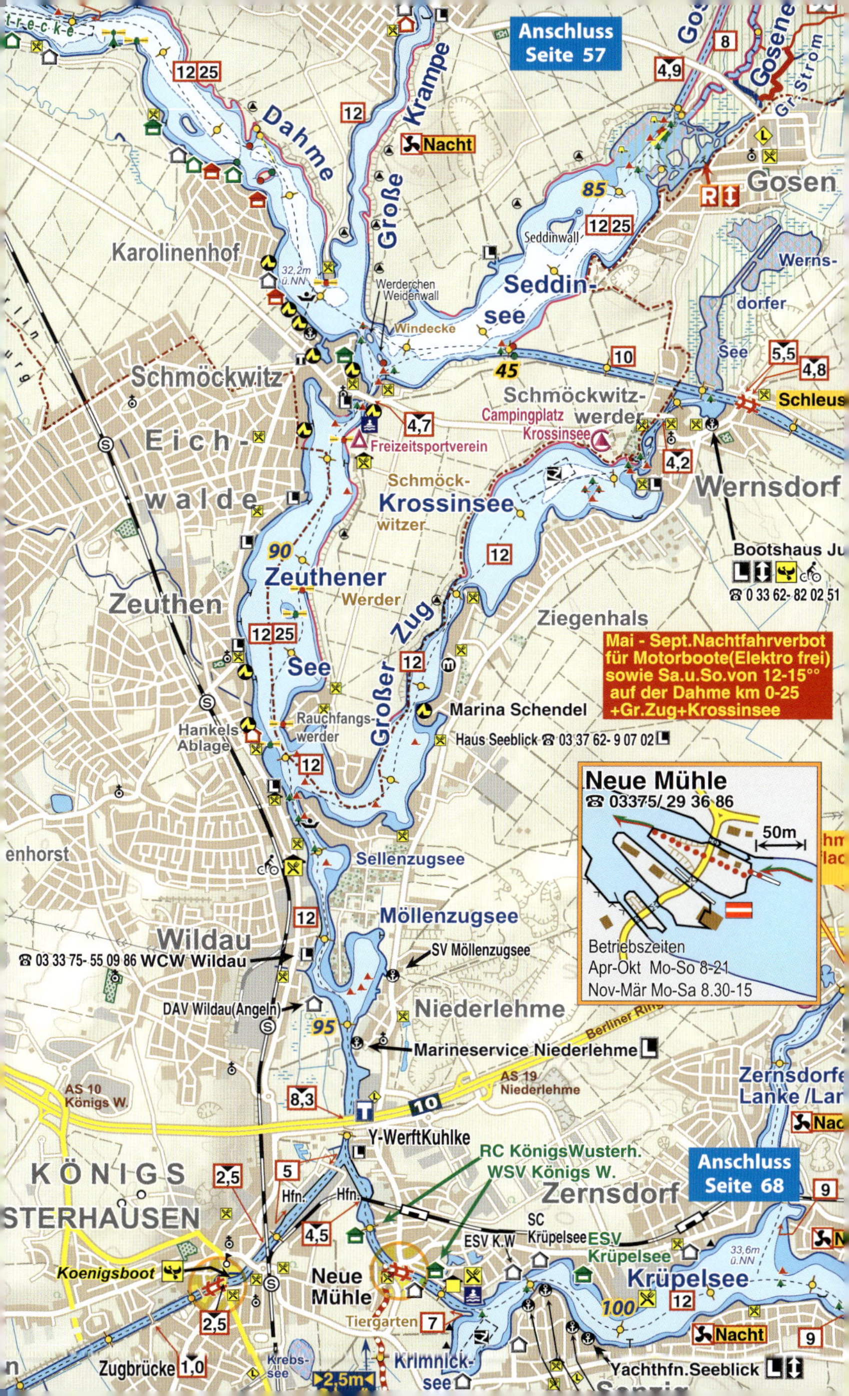

Anschluss Seite 57
Dahme
Große Krampe
Nacht
Gosener Gr. Strom
Gosen
Karolinenhof
32,2m ü.NN
Werderchen Weidenwall
Windecke
Seddinwall
Seddinsee
Werns-dorfer See
Schmöckwitz
Schmöckwitz-werder
Campingplatz Krossinsee
Freizeitsportverein
Schleuse
Eichwalde
Schmöck-witzer Werder
Krossinsee
Wernsdorf
Bootshaus Ju
☎ 0 33 62- 82 02 51
Zeuthener See
Zeuthen
Großer Zug
Ziegenhals
Mai - Sept. Nachtfahrverbot für Motorboote(Elektro frei) sowie Sa.u.So.von 12-15°° auf der Dahme km 0-25 +Gr.Zug+Krossinsee
Marina Schendel
Hankels Ablage
Rauchfangswerder
Haus Seeblick ☎ 03 37 62- 9 07 02
Neue Mühle
☎ 03375/ 29 36 86
50m
Betriebszeiten
Apr-Okt Mo-So 8-21
Nov-Mär Mo-Sa 8.30-15
enhorst
Sellenzugsee
Möllenzugsee
Wildau
☎ 03 33 75- 55 09 86 WCW Wildau
SV Möllenzugsee
Niederlehme
DAV Wildau(Angeln)
Marineservice Niederlehme
Berliner Ring
AS 10 Königs W.
AS 19 Niederlehme
Zernsdorfer Lanke /Lan
Y-WerftKuhlke
RC KönigsWusterh.
WSV Königs W.
Anschluss Seite 68
KÖNIGS WUSTERHAUSEN
Zernsdorf
Hfn.
SC Krüpelsee
ESV K.W
ESV Krüpelsee
Krüpelsee
33,6m ü.NN
Koenigsboot
Neue Mühle
Tiergarten
Nacht
Zugbrücke
Krebs-see
2,5m
Krimnick-see
Yachthfn.Seeblick

km 88,7

Freizeitsportverein Zeuthener See
0172-385 27 34
0176-20 00 29 03

Waldhotel am See
(030) 67 50 40

Am östlichen Ufer des Sees liegt der nicht kommerzielle *Zeltplatz* des sehr freundlichen *Freizeitsportvereins*. Wasserwanderer sind herzlich willkommen. Aufgrund des dicht bewachsenen Uferstreifens ist das Gelände vom Wasser aus nur schwer zu erkennen. Es gibt leider keinen Bootssteg und man muss eine der kleinen Badestellen zwischen dem ***Strandbad Schmöckwitz*** an der Schmöckwitzer Brücke und dem gut sichtbaren *Waldhotel am See* (mit großem Bootshaus und Dampferanlegestelle) zum Anlanden nutzen.

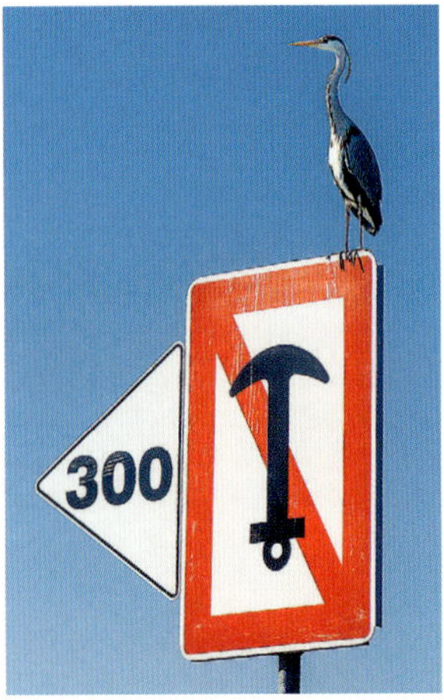

Auch die Graureiher fühlen sich an den Gewässern wohl

Mitten durch den ***Zeuthener See*** verläuft die Grenze zwischen Berlin und Brandenburg. Am Westufer reihen sich prächtige Villen aneinander und Wassersportverein folgt auf Wassersportverein. Das Ostufer aber präsentiert sich grün und hinter dem Schilfgürtel erhebt sich stiller Wald.

Das auf einer in den See ragenden Halbinsel gelegene ehemalige Fischerdorf **Rauchfangswerder** passierend, gelangt man zum Ende des Sees. Hier zweigt nach links der ***Große Zug*** ab, an den sich der ***Krossinsee*** anschließt.

km 93

Seehotel Zeuthen
(033762) 890
z.Zt. geschlossen

Wir halten uns rechts und auf Höhe von ***„Hankels Ablage"*** in **Zeuthen** verengt die ***Dahme*** sich nun wieder auf Flussbreite, bevor wir gut einen Kilometer weiter an dem am rechten Ufer liegenden *Seehotel Zeuthen* *(z.Zt. noch geschlossen, Umbau?, Neueröffnung unklar)*, vorbeipaddeln.

In seinen „Wanderungen durch die Mark Brandenburg" beschrieb Fontane eine Fahrt mit dem Segelboot „Sphinx" zu den „Quellgebieten der wendischen Spree" als würde es sich um eine Expedition ins Amazonasgebiet handeln. Dort erzählt er auch von „Hankels

Ablage", einer Villenkolonie am Südende des Zeuthener Sees, wo der Fischer Friedrich Hankel an der früheren Verladestelle für Holz Ausschankrechte erhielt. Fontane beschreibt den Ort, der bei Seglern ungemein beliebt war, als einen der reizvollsten Plätze in der Umgebung von Berlin.

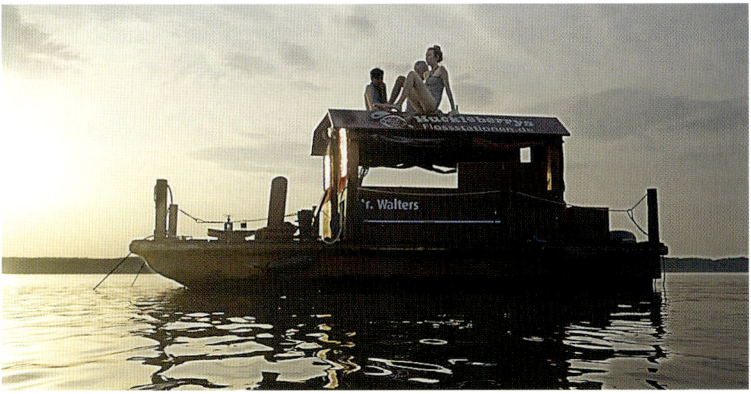

km 95,2

Vorbei am Marineservice **Niederlehme** mit dem kleinen Terrassen-Eiscafé hinter dem ***Bootsanleger,*** geht es, unter der Autobahnbrücke A 10 des Berliner Rings hindurch, weiter auf der ***Dahme*** nach Süden.

km 96,2

Hier zweigt der ***Nottekanal*** ab, den wir aber rechts liegen lassen. Auf ihm käme man zu den ersten Wassergrundstücken von **Königs Wusterhausen** und zum *Kanuverleih Königsboot* an der Schleuse Nottekanal. *Der Nottekanal ist 25 Kilometer lang und einer der ältesten (1. Ausbau 1568) Schifffahrtswege auf dem wichtige Baustoffe wie Ziegel, Gips, Sand und Bauholz nach Berlin transportiert wurden.*

Kanuverleih Königsboot
0152-616 88 97

km 97,5
(DaW-km 9,5)

Unser Weg führt Richtung Südosten zur *Schleuse Neue Mühle*, *deren Geschichte im ausklingenden 17. Jh. beginnt. Sie ist eine der ältesten Schleusen an der Dahme-Wasserstraße.* An Sommerwochenenden ist es oft voll. Hier kann das Kanu für einen Besuch von Königs Wusterhausen abgelegt werden.

Schleuse Neue Mühle
(03375) 29 36 86
Apr-Okt tgl. 8-21
sonst Mo-Sa 8.30-15

Blick auf Königs Wusterhausen

Die heutige Kreisstadt Königs Wusterhausen ist mit etwa 39.000 Einwohnern in acht Ortsteilen die größte Stadt im Landkreis Dahme-Spreewald und zählt zu den wichtigsten Städten im dünnbesiedelten Brandenburg.

Erstmals 1320 als Burg und Ort erwähnt, kamen die Güter Ende des 17. Jh. in den Besitz von Kurfürst Friedrich III. Dieser schenkte sie 1698 seinem zehnjährigen Sohn, dem Kurprinzen Friedrich Wilhelm I. zu Weihnachten und der „Soldatenkönig" ließ das mittelalterliche Wasserschloss aus dem 16. Jh. zu einem Jagdschloss umbauen. Seit September 2000 ist das Schloss nach aufwändiger Renovierung wieder zu besichtigen und zeigt die ehemaligen königlichen Wohnräume aus der ersten Hälfte des 18. Jh. sowie von Friedrich I. angefertigte Gemälde. In den Kavalierhäusern (1703-1706) direkt nebenan, wo einst die Jagdgäste des Königs logierten, laden heute Schlossrestaurant, Bäckerei und Café sowie Hofbrauerei zu kulinarischen Genüssen ein.

1920 wurde von Königs Wusterhausen die erste deutsche Rundfunksendung öffentlich ausgestrahlt. Die drei Sendemasten im Stadtwappen unterstreichen die Bedeutung der Rundfunktechnik für die jüngere Geschichte der Stadt und das Sender- und Funktechnikhaus auf dem Funkerberg präsentiert 85 Jahre deutsche Rundfunkgeschichte „zum Anfassen".

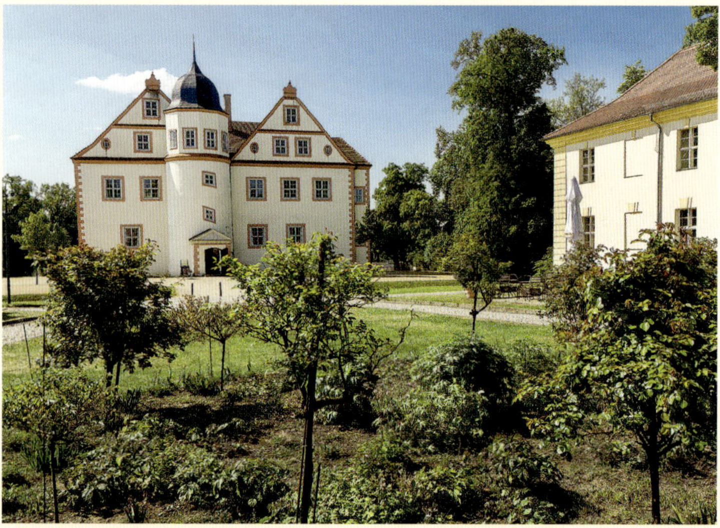

Auf Schloss Königs Wusterhausen hielt der Soldatenkönig Friedrich I. seine legendären Tabakskollegien ab

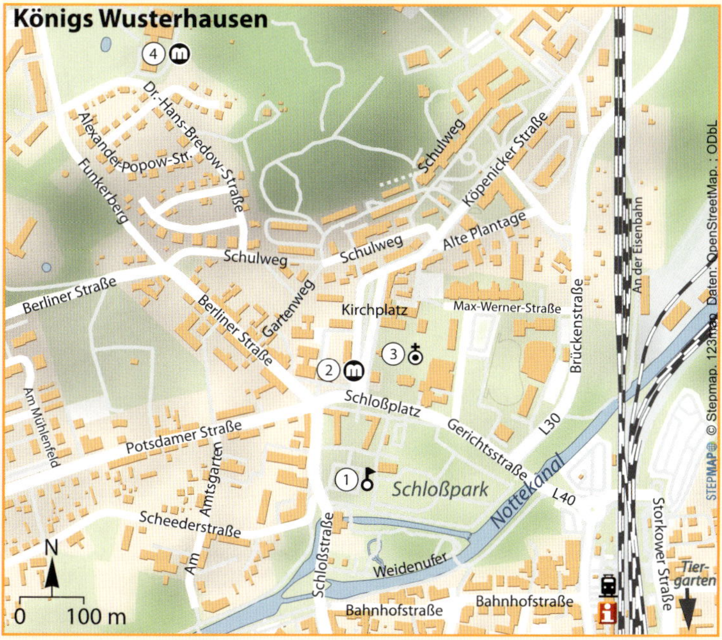

Tourismusverband Dahme-Seen e.V.
Bahnhofsvorplatz 5, Tel. (03375) 25 20 25, www.dahme-seen.de

① ***Schloss und Kavalierhäuser.*** *Schlossplatz 1, Tel. (03375) 21 17 00 Besichtigung nur im Rahmen einer Führung, Apr-Okt Di-So 10-17.30, Nov-Mär Sa+So 10-16, ca. 6 €, www.spsg.de*

② ***Dahmelandmuseum*** *(Foto).* Ständige Ausstellung zur Geschichte von Stadt & Region mit Kindermuseum und Museumsgarten. *Schlosspl. 7, Tel. (03375) 29 30 34, Di-Sa 10-16, ca. 2 €, www.heimatverein-kw.de*

③ ***Kreuzkirche 1697.*** Erweiterung 1889, neuromanischer Westturm von 1822.

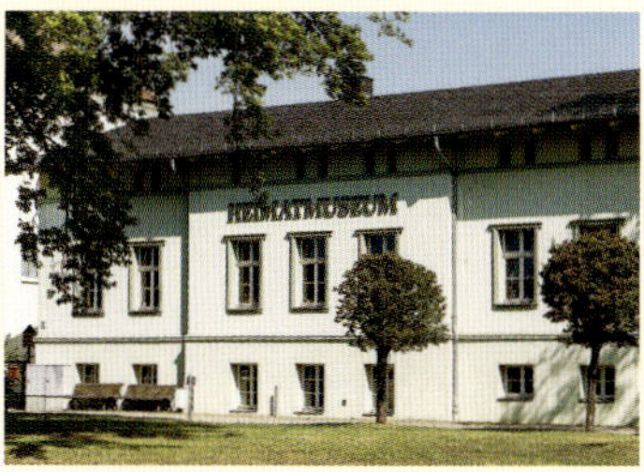

④ ***Sender- & Funktechnikhaus.*** Ausstellung 85 Jahre Rundfunkgeschichte in Deutschland. *Wegen Baumaßnahmen z.Zt. nur nach Voranmeldung, Tel. (03375) 29 36 01, ca. 5 €, www.funkerberg.de*

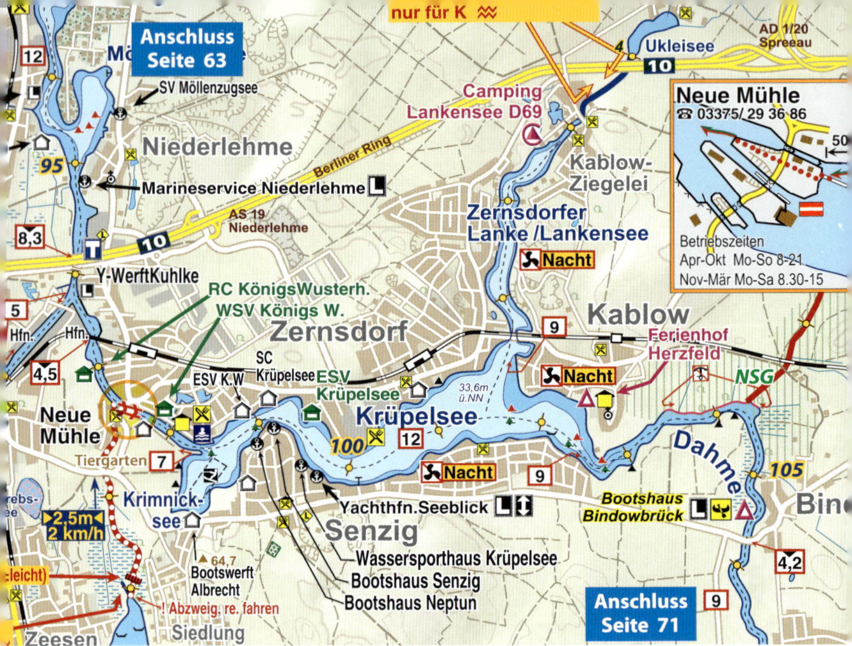

Nach der Schleusung begleitet alter Eichenwald das rechte Dahmeufer. Der ***Tiergarten*** ist ein beliebtes Ausflugsziel und *geht auf Friedrich Wilhelm I. zurück, der 1725 mehrere Gehege für Rot-, Schwarz- und Rehwild anlegen lies, um die Versorgung des benachbarten Schlosses mit Wildbret sicherzustellen.*

km 98,4

Strandcafé
01525-275 19 19

500 Meter weiter öffnet sich rechter Hand der ***Krimnicksee***, zur Linken liegt am Nordufer das ***Strandbad* Neue Mühle** mit einer großen Liegewiese und *Strandcafé*. In der südlichen Bucht gegenüber zeigen Wasserskifahrer ihr Können.

km 100

Mit einem weiten Schlenker geht der ***Krimnicksee*** in den ***Krüpelsee*** über. Am Südufer soll die ***Seebrücke* Senzig**, immerhin die größte deutsche Seebrücke an einem Binnensee, zukünftig aus ihrem Dornröschenschlaf erweckt werden. Geplant ist ein touristisches Zentrum mit Ferienhäusern an Land und auf dem Wasser. Auch eine schwimmende Gaststätte soll es geben. *Die Senziger Seebrücke ist ein Relikt des* *ehemaligen Kalksandsteinwerks Senzig und diente einst als Verladebrücke, um die gebrannten Ziegel per Lastkahn über die Dahme-Wasserstraße nach Berlin zu transportieren.*

Zur Einkehr kann man ans gegenüberliegende Ufer nach **Zernsdorf** paddeln. Am von weitem schon sichtbaren Hausbootanleger kann man bei *Paulines Hafencafé* bei Kuchen oder raffinierten herzhaften Gerichten herrlich am Wasser sitzen.

km 100,3

Paulines Hafencafé
(03375) 29 50 69

Auf dem ***Krüpelsee*** geht es weiter gen Osten, wo sich links der See ***Zernsdorfer Lanke (Lankensee)*** öffnet, an dessen Nordufer in zwei Kilometer Entfernung der *Camping Lankensee* die Möglichkeit zur Übernachtung bietet.

km 101,5

Camping Lankensee
(03375) 29 50 69

Am Ostufer des ***Krüpelsees***, in der kleinen Ortschaft **Kablow,** bietet der *Ferienhof Herzfeld* die Möglichkeit zur Übernachtung im Tipi (FeWo ab 3 Übernachtungen). Ein blauer Kran am kleinen Hafen und die kleine hübsche Dorfkirche, weisen den Weg.

km 102,5

Ferienhof Herzfeld
(03375) 29 29 39

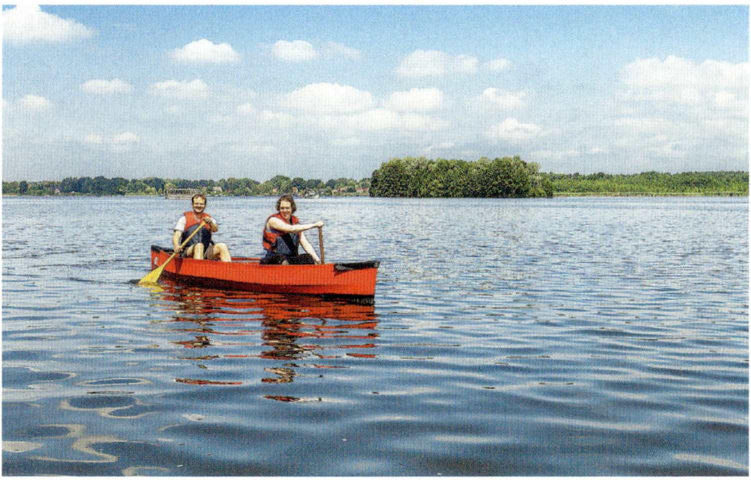

Kurs Südost: Unterwegs auf dem Dolgensee

km 104,3 (DaW-km 16,3) Südlich von Kablow gibt sich die ***Dahme*** wieder als Fluss zu erkennen und knickt fast im rechten Winkel nach Süden ab.

km 105,7

Bootshaus Bindowbrück (033767)12 58 32

Vorbei an **Bindow,** wo am westlichen Ufer das ***Bootshaus Bindowbrück*** auf der Campigwiese die Möglichkeit zum Zelten bietet und neben anderen Boote auch ein paar Kanus vermietet.

km 108,5

Eiscafé Strandidyll

Kinderbauernhof Gussow 0176-43 66 32 00

Knapp 3 Kilometer hinter der Straßenbrücke in Bindow ist die nächste Einkehrmöglichkeit erreicht – an der ***Badestelle*** in **Gussow** lädt am rechten Ufer das kleine ***Eiscafé Strandidyll*** ab 12 Uhr zu hausgemachten Softeisspezialitäten ein. Von hier ist es nur ein kurzer Fußweg zum ***Streichelzoo*** im ***Kinderbauernhof Gussow*** *(Apr-Okt Sa 10-15 Ponyreiten, feiertags geschl., 1 € Eintritt)*.

Voraus erstreckt sich nun mit einem Verlauf von Nordwesten nach Südosten der romantische, von hochgewachsenen Erlen bestandene ***Dolgensee***. Da er sehr flach ist, türmen sich bei stärkerem Wind trotz überschaubarer Ausmaße der Wasserfläche

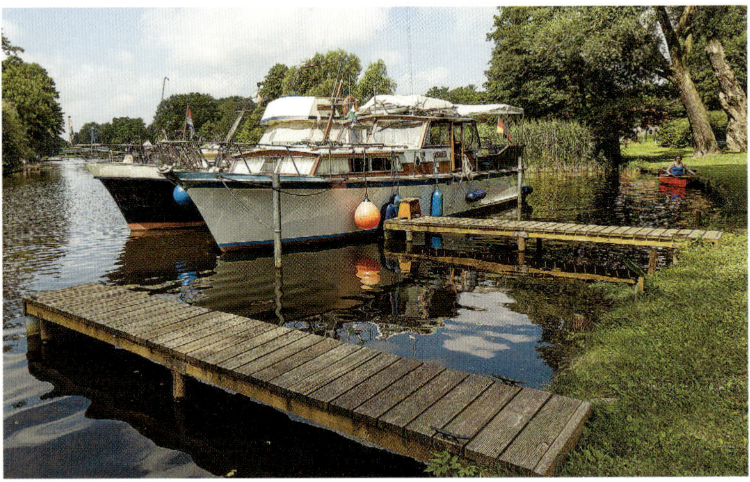

Auch bei Motorbootfahrern beliebt: Anleger am Restaurant „Fährhaus“ in Dolgenbrodt

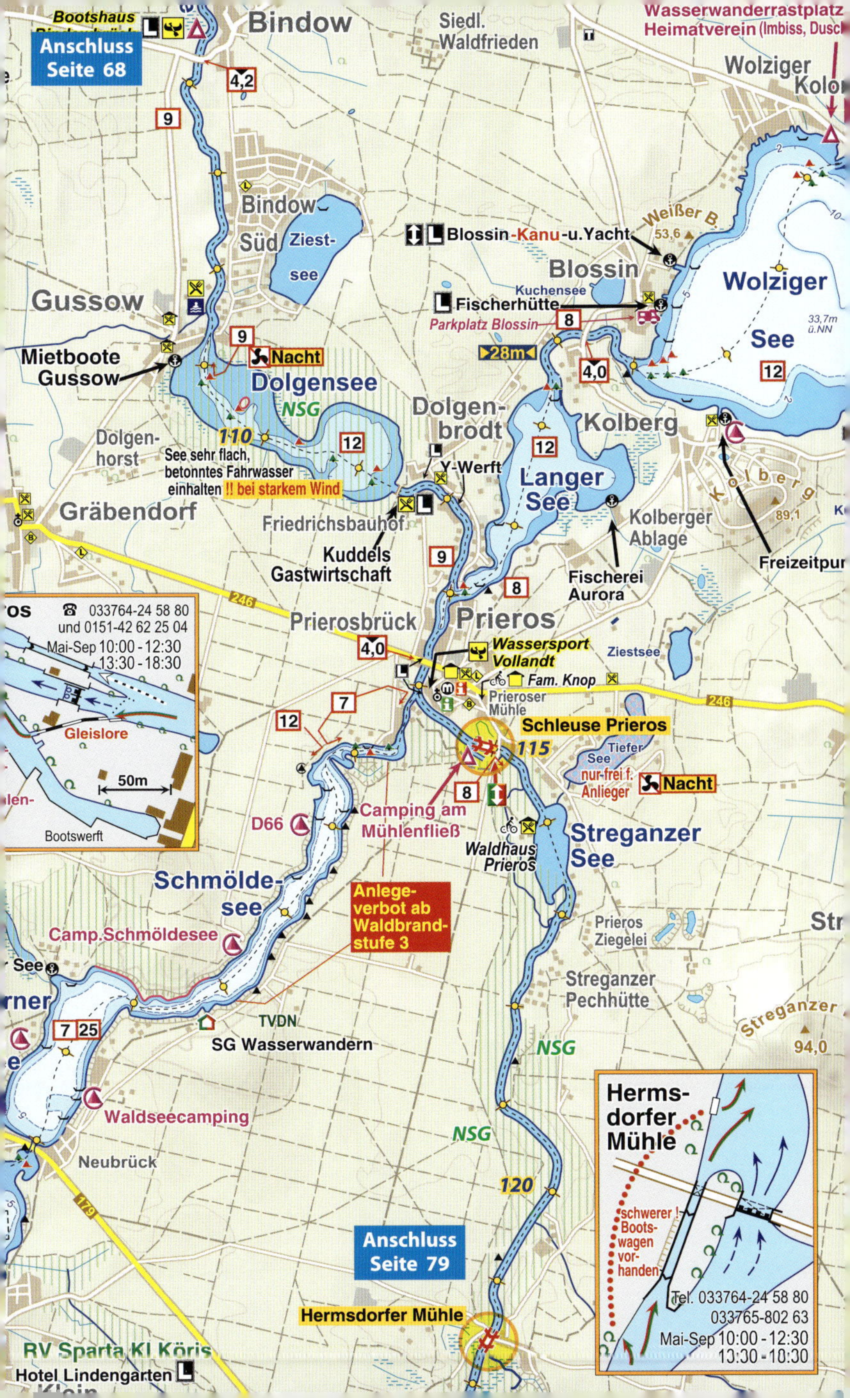
Anschluss Seite 68
Bootshaus
Bindow
Siedl. Waldfrieden
Wasserwanderrastplatz Heimatverein (Imbiss, Dusc
Wolziger Kolo
4,2
9
Bindow-Süd
Ziestsee
Weißer B.
53,6
Blossin-Kanu-u.Yacht
Blossin
Kuchensee
Wolziger See
33,7m ü.NN
Fischerhütte
Parkplatz Blossin
8
28m
4,0
12
Gussow
Mietboote Gussow
9
Nacht
Dolgensee
NSG
110
12
Dolgenhorst
See sehr flach, betonntes Fahrwasser einhalten !! bei starkem Wind
Dolgenbrodt
Y-Werft
Kolberg
Langer See
12
Kolberger Ablage
Kolberg
89,1
Freizeitpur
Gräbendorf
Friedrichsbauhof
Kuddels Gastwirtschaft
9
8
Fischerei Aurora
246
Prierosbrück
Prieros
4,0
Wassersport Vollandt
Ziestsee
Fam. Knop
Prieroser Mühle
246
Schleuse Prieros
115
Tiefer See
nur frei f. Anlieger
Nacht
7
12
8
ros
033764-24 58 80 und 0151-42 62 25 04
Mai-Sep 10:00-12:30 13:30-18:30
Gleislore
50m
Bootswerft
D66
Camping am Mühlenfließ
Waldhaus Prieros
Streganzer See
Schmöldesee
Anlegeverbot ab Waldbrandstufe 3
Camp.Schmöldesee
Prieros Ziegelei
Streganzer Pechhütte
Streganzer
94,0
7
25
TVDN
SG Wasserwandern
NSG
Waldseecamping
NSG
Neubrück
179
120
Hermsdorfer Mühle
schwerer! Bootswagen vorhanden
Tel. 033764-24 58 80
033765-802 63
Mai-Sep 10:00-12:30
13:30-18:30
Anschluss Seite 79
Hermsdorfer Mühle
RV Sparta Kl. Köris
Hotel Lindengarten

schnell gefährliche Wellen auf. Ich folge der Fahrwasserbetonnung, vorbei an der kleinen hufeisenförmigen Insel, bis zum Abfluss der Dahme beim

km 111,6

Dörfchen **Dolgenbrodt**, *dessen Gründung auf eine Furt an dieser Stelle zurückgeht.*

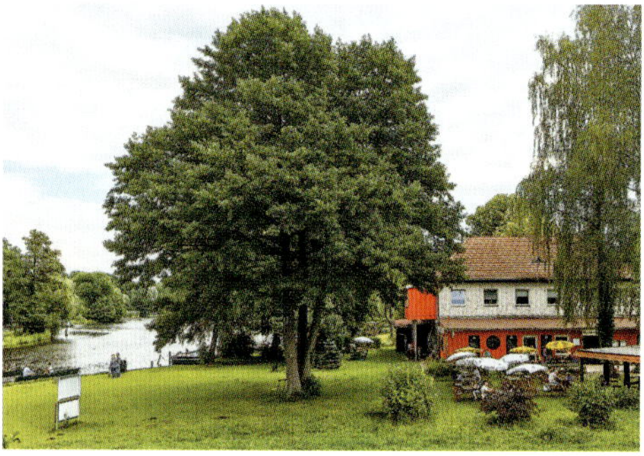

Am rechten Ufer lädt, direkt hinter der Brücke nach der Ausfahrt aus dem Dolgensee, ***Kuddels Gastwirtschaft*** *(Foto links)* in **Friedrichsbauhof** zum Pausieren ein. Das Lokal mit eigenem Bootsanleger, tollem Gartenlokal und gemütlicher Gaststube ist immer einen Besuch wert; neben Kuchen und Himbeereis, Gulasch mit tschechischen Semmelknödeln oder knusprig gebratenem Fisch gibt es auch frisch gezapftes böhmisches Bier.

Kuddels Gastwirtschaft
(033768) 507 40
Saison tgl. ab 11
Montag Ruhetag
Vor- & Nachsaison
Sa+So ab 11
(wetterabhängig)

Zusammen mit dem hinter der Kurve am gegenüberliegenden Ufer liegenden ***Restaurant Fährhaus*** (schlemmen unterm Schilfdach), sollte nun keiner mehr hungrig das letzte Stück bis Prieros zurücklegen müssen.

Restaurant Fährhaus
(033767) 89 95 90
Mi-So ab 12

km 113
(DaW-km 24,9)

Noch einmal eineinhalb Kilometer weiter trifft von Nordosten der See ***Langer See*** auf die ***Dahme***. Er ist der letzte See der knapp 34 Kilometer langen Seen-

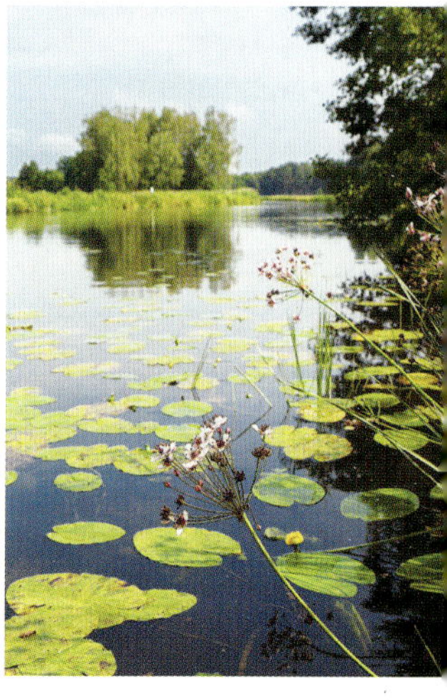

Obwohl begradigt, gibt sich die Dahme sehr idyllisch

kette der ***Storkower Gewässer***, die bis zum Scharmützelsee reichen, dem zweitgrößten See der Mark Brandenburg.

Gut 300 Meter hinter der Straßenbrücke in **Prieros** gabelt sich das Gewässer, nach rechts zweigt die ***Schmölde*** ab, die sich über ***Huschtesee***, ***Schmöldesee*** und ***Hölzerner See*** nach Südwesten durch ein herrliches Waldgebiet Richtung Teupitz schlängelt.

km 114
(DaW-km 26)

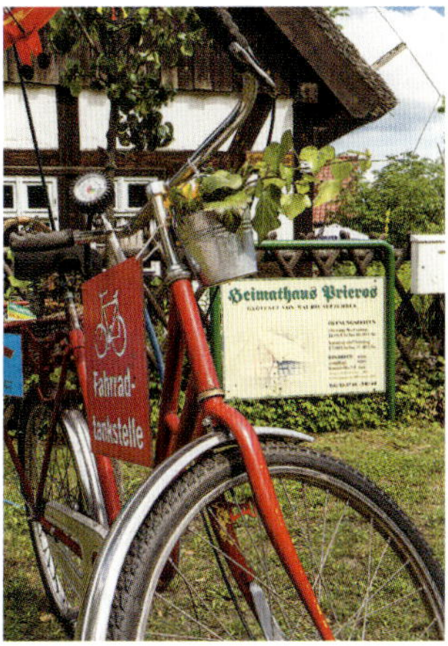

Heimathaus in Prieros

Links, in der ***Dahme,*** liegt der ***„Hafen"*** von **Prieros**. Von hier sind es nur wenige Schritte zum ***Gästehaus Cellino*** *(4 Mietfahrräder für Gäste)*, ***Eiscafé Palme*** und dem ***Supermarkt*** des Dorfes. Bei ***Wassersport Vollandt*** können Kanus gemietet werden.

Cellino & Kunst-RaumPrieros
0172-384 65 96

Wassersport Vollandt
(033768) 506 57

FeWo Fam. Knop
0151-65 16 04 13
vermieten Fahrräder & e-bikes bei Verfügbarkeit auch an Dritte (Nichtgäste)

Gleich oberhalb des Hafens liegen mit dem ***Heimathaus*** *(ständige Ausstellung zur bäuerlichen Lebensweise und Kultur sowie zur Ortsgeschichte)*, der kleinen ***Dorfkirche*** und dem ***Info-Punkt Naturpark Dahme-Heideseen*** *(z.Zt. geschlossen)* im Fachwerkhaus neben der Alten Schule die wichtigsten Sehenswürdigkeiten des Ortes.

Über die Region informiert die ***Tourist-Info Heidesee*** neben dem Heimathaus. Auch Tipps zu aktuellen Veranstaltungen sowie Rad- und Wanderkarten sind hier zu bekommen.

Heimathaus
Mai-Sep
Di-Fr 11-16
Sa+So 13-17

Info-Punkt Naturpark
(033768) 96 90
Öffnungszeiten telef. anfragen

Tourist-Info Heidesee
(033768) 20 89 30
Öffnungszeiten varieeren
9-13+13.30-16
Do+So geschl.

Trotz seiner beschaulichen Größe ist das 1.000 Einwohner zählende **Prieros** touristisches Wasserstraßenkreuz der Gemeinde Heideseen.

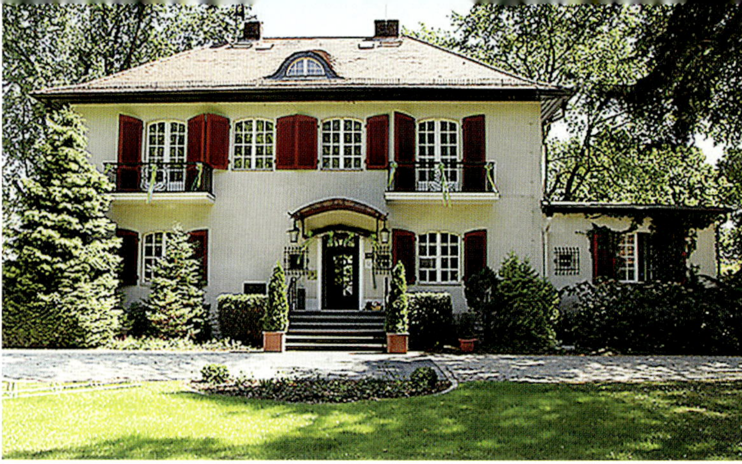

Die Villa eines Berliner Fabrikanten bildet heute das Haupthaus des Hotels Waldhaus

Das harmonische Nebeneinander von Gewässern, Wiesen und ausgedehnten Wäldern übt hier eine besondere Anziehungskraft aus.

km 115
(DaW-km 27)

Schleuse Prieros
0151-42 62 25 04
Ende Apr - Anf. Okt
10-12.30+13.30-19
Okt-Apr nach Vereinbarung mind. 1 Tag vorher

Camping am Mühlenfließ
(033768) 508 99

Biogarten Prieros
(033768) 50455
Apr-Okt Mo-Fr 8-16
Mai-Sep zusätzlich Sa, So+Fei 13-17

NSG

Knapp einen Kilometer hinter dem Hafen ist die Schleuse Prieros erreicht und im rechten ***Dahme-Arm*** bietet der kleine Campingplatz am Mühlenfließ eine weitere gute Übernachtungsmöglichkeit unter schattigen Birken.

Nördlich der Schleuse im Ortsteil **Prieroser Mühle** findet man den Biogarten Prieros. *Im Schau- und Lehrgarten werden in vielfältigen Lebensräumen wie Teich, Tümpel, Moor oder Heide die typische Pflanzen- und Tierwelt des Dahme-Heideseen Naturparks, aber auch die Probleme des Naturschutzes dargestellt. Im Kräuter- und Apothekergarten werden wichtige Heilkräuter angebaut und erklärt.*

Nach der Schleusung geht es deutlich ruhiger zu und entlang der Ufer stehen mehr Angler als Motorboote auf dem Wasser unterwegs sind. Nur bei hohem Wasserstand ist die Gegenströmung der hier von Süd nach Nord durch den 595 qkm großen Naturpark Dahme-Heideseen *(s. Seite 76)* fließenden ***Dahme*** merkbar.

Nach Einfahrt in den ***Streganzer See*** macht rechts das in dichten Wald eingebettete **Hotel Waldhaus Prieros** seinem Namen alle Ehre. *Das Hauptgebäude ist eine um 1920 errichtete Villa eines ehemaligen Berliner Fabrikanten. Der bekannteste Gast war Wilhelm Pieck, der erste Präsident der ehemaligen DDR. Er logierte hier von 1954 bis 1959 – das restaurierte „Pieck-Zimmer" wird heute als Tagungsraum genutzt.*

km 116
(DaW-km 28)

Hotel Waldhaus Prieros
(033768) 99 90

Der ***Streganzer See*** ist der vorläufig letzte See und wird in südöstliche Richtung überquert. Anschließend behält die ***Dahme*** ihren Flusscharakter bei und führt, gesäumt von einem breiten Wiesenstreifen, einsam gen Süden. Riesige Waldgebiete dehnen sich nun zu beiden Seiten des Ufers aus und auf den ehemaligen Truppenübungsplätzen rund um **Hermsdorf** blüht im Frühherbst die Heide.

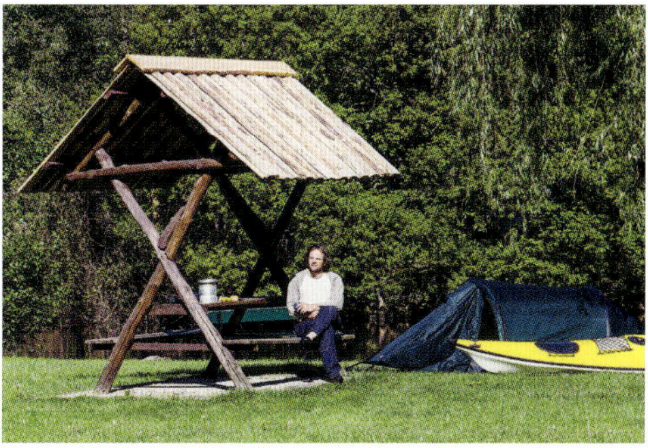

Urgemütlich: WWR in Märkisch Buchholz

Über die **Schleuse Hermsdorfer Mühle** geht es weiter nach **Märkisch Buchholz**.

km 121,5
(DaW-km 36)

Schleuse Hermsdorfer Mühle
(033764) 24 58 80
Ende Apr - Anf. Okt 10-12.30+13.30-19
Okt-Apr nach Vereinbarung mind. 1 Tag vorher

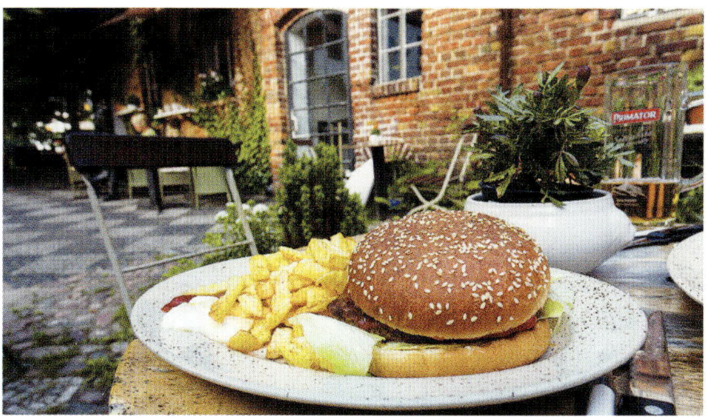

Lecker Einkehren in der „Marktwirtschaft" in Märkisch Buchholz

Naturpark Dahme-Heideseen

Wie eine nach Süd-Nord verlaufende Lebensader zieht sich die Dahme südlich von Königs Wusterhausen durch den im Jahre 1998 gegründeten und fast 600 Quadratkilometer großen Naturpark Dahme-Heideseen. Im Norden breit wie ein See und im Süden schmal wie ein Rinnsal, weiß Theodor Fontane in seinen Wanderungen durch die Mark Brandenburg von der Dahme zu berichten: *„Die wendische Spree, mehr noch als die eigentliche, bildet eine große Anzahl prächtiger Seeflächen, die durch einen dünnen Wasserfaden verbunden sind. Während eben noch haffartige Breiten passiert wurden, auf denen eine Seeschlacht geschlagen werden könnte, drängt sich das Boot eine Viertelstunde später durch so schmale Defilés, daß die Ruderstangen nach rechts und links hin die Ufer berühren".*

Während der Steinzeit bis ins 6. Jahrhundert, wurde das Dahme-Heideseen-Gebiet von den Germanen besiedelt, die nach der Völkerwanderung von den westslawischen Wenden abgelöst wurden. Deutsche und holländische Feudalherren urbanisierten die Gegend im 12. Jahrhundert und waren mit dem Bau der Fließe, Wasser- und Sägemühlen Vorboten der im 18. Jahrhundert einsetzenden Friderizianischen Kolonialisierung in deren Folge Orte wie Neu Boston und Philadelphia entstanden.

Heute hat die dünn besiedelte Region, mit immerhin 24 Naturschutz- und 27 Natura 2.000-Gebieten, deren Landschaftsbild stark durch die mehr als 100 Seen geprägt wird, eine große Bedeutung für den Tourismus – insbesondere den Wassertourismus.

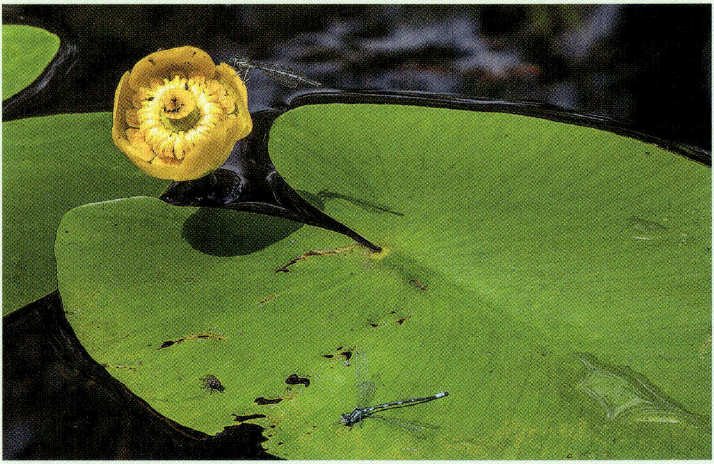

Auf den riesigen Mengen von abgelagertem Sand aus der Weichseleiszeit entstanden ausgedehnte Waldgebiete, hauptsächlich die für den Naturpark charakteristischen Kiefernforste. Wo der Wanderer oft Heidel- und Preiselbeeren findet, haben sich wärmeliebende Tiere und Pflanzen angesiedelt. Im Wechsel von Kiefern und Trockenrasen hat der seltene Walker, das Wappentier des Naturparks, seinen Lebensraum. Das auch Türkischer Maikäfer genannte Insekt, ist die einzige Art seiner Gattung in Mitteleuropa. Die ungiftige und für den Menschen völlig harmlose Schlingnatter wird oft mit der Kreuzotter verwechselt und ist im Naturpark relativ weit verbreitet.

Die undurchdringlichen Röhrichtgebiete der Seen sind Brut- und Rastzonen von Sumpf- und Wasservogelarten wie Rohrdommel, Rohrammer, Rohrweihe, Teich- und Drosselrohrsänger. Im Schilf brütet der Kranich und angrenzende, farngesäumte Erlenbruchwälder werden von Schellenten, dem seltenen Eisvogel und dem Schwarzspecht bevorzugt. Jahrhundertelang ausgerottet, kehrte auch der Biber in seinen angestammten Lebensraum zurück. Anders als der Fischotter, ist das dämmerungsaktive Tier an der Dahme schon häufiger zu erblicken. Über allem kreist der Seeadler, der in den Wäldern der Storkower Heide brütet, während der kleinere Fischadler sein Nest bevorzugt auf Hochspannungsmasten errichtet.

Der Reichtum des Naturparks sind die verschiedenen, miteinander verbundenen Lebensräume. So finden sich neben Verlandungsmooren mit Wollgräsern, Zwergsträuchern und Torfmoosen extensiv genutzte Feuchtwiesen auf denen sich die Pracht-Nelke und Orchideenarten wohlfühlen, während die Sandtrockenrasen mit Abertausenden Blüten von Silbergras und Grasnelke ein Dorado für Schmetterlinge darstellt. Auf den einstigen Truppenübungsplätzen bei Hermsdorf blüht im Frühherbst die Heide.

Die in Prieros ansässige Naturwacht bietet Führungen durch die herrliche Sumpf- und Kulturlandschaft dieser Region an. Der NABU Regionalverband Dahmeland e.V. gibt gemeinsam mit der Stiftung NaturSchutzFonds Brandenburg und dem Naturpark Dahme-Heideseen ein JahreBuch heraus. Neben zahlreichen Wander- und Radroutenvorschlägen, gibt es Hinweise zu Naturerlebnisangeboten und Beobachtungstipps.

---

i ***Naturpark Info-Punkt Dahme-Heideseen,*** *geöffnet auf Anfrage. Vorab telefonisch anmelden.* Arnold-Breithor-Str. 8, 15754 Heidesee OT Prieros, Verwaltung: Tel. (033768) 96 90, www.dahme-heideseen-naturpark.de

i ***Naturpark Dahme-Heideseen Burg Storkow,*** *tgl. 10-17,* Schloßstr. 6, 15859 Storkow, Tel. (033678) 732 28, www.storkow.de

km 127,5

Garni Landhotel
(033765) 849 06

WWR Märkisch Buchholz
0151-15 14 45 19

Vorbei am Steg des *Garni Landhotel Märkisch Buchholz* gelangt man zu dem etwa 300 Meter vor der Straßenbrücke am linken Ufer gelegenen *Wasserwanderrastplatz*. Hier unterhält die Gemeinde einen vorbildlichen Platz mit sauberen Sanitäranlagen, Duschen, vielen überdachten Sitzgruppen und am Abend darf man sogar ein Lagerfeuer entzünden. Bis zum Marktplatz in der Ortsmitte mit der ***Kirche*** von 1753 ist es nur ein kurzer Spaziergang.

Herrmanns Marktwirtschaft
(033765) 985 14

Märkisch Buchholz *ist die kleinste Stadt Brandenburgs, bietet aber alles was man braucht. Es gibt zwei Restaurants und zwei kleine Lebensmittelläden, wo man die Vorräte für den Rest der Tour aufstocken kann. Besonders schön ist der Biergarten unter einer hohen Kastanie der „Marktwirtschaft", wo man auch in einer Gästewohnung übernachten kann.*

km 128,1
(DaW-km 40,1)

Kanusport Dahmeland
0172-319 62 53

Vor der zweiten Straßenbrücke fließt von rechts der ***Oberlauf der Dahme*** hinzu, der nicht befahren werden darf. Hier hat die Kanuvermietung *Kanusport Dahmeland* ihre Station.

Einsetzstelle ist, je nach gewünschter Fahrtrichtung der Kanutour, vor oder hinter dem nun in unserer Tour folgenden Kaskadenwehr.

i Radfahren auf dem Hofjagdweg

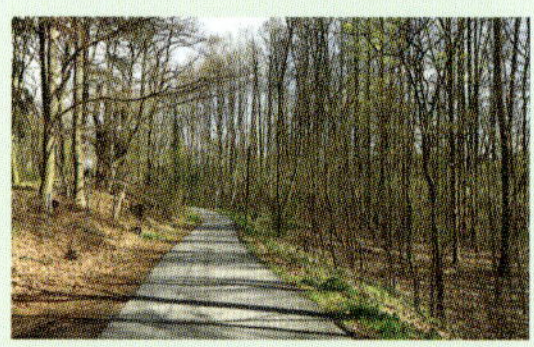

*Der mit einem „gekrönten" Wildschwein markierte Hofjagdweg ist ein 68 Kilometer langer **Radweg** von Königs Wusterhausen durch den Naturpark Dahme-Heideseen bis zum Spreewald, wo die beschauliche Wiesen- und Fließlandschaft des Unterspreewaldes mit den Spreewalddörfern Groß Wasserburg und Krausnick sowie die Fischteichwirtschaft zwischen Schlepzig und Lübben wartet.*

Er folgt den Wegen des einstigen Jagdreviers des Soldatenkönigs Friedrich I. durch die Dubrow und den Naturpark Dahme-Heideseen. Neben seinen geselligen Tabakkollegien war die Jagd die Lieblingsbeschäftigung während seiner rund zweimonatigen Aufenthalte im Schloss Königs Wusterhausen.

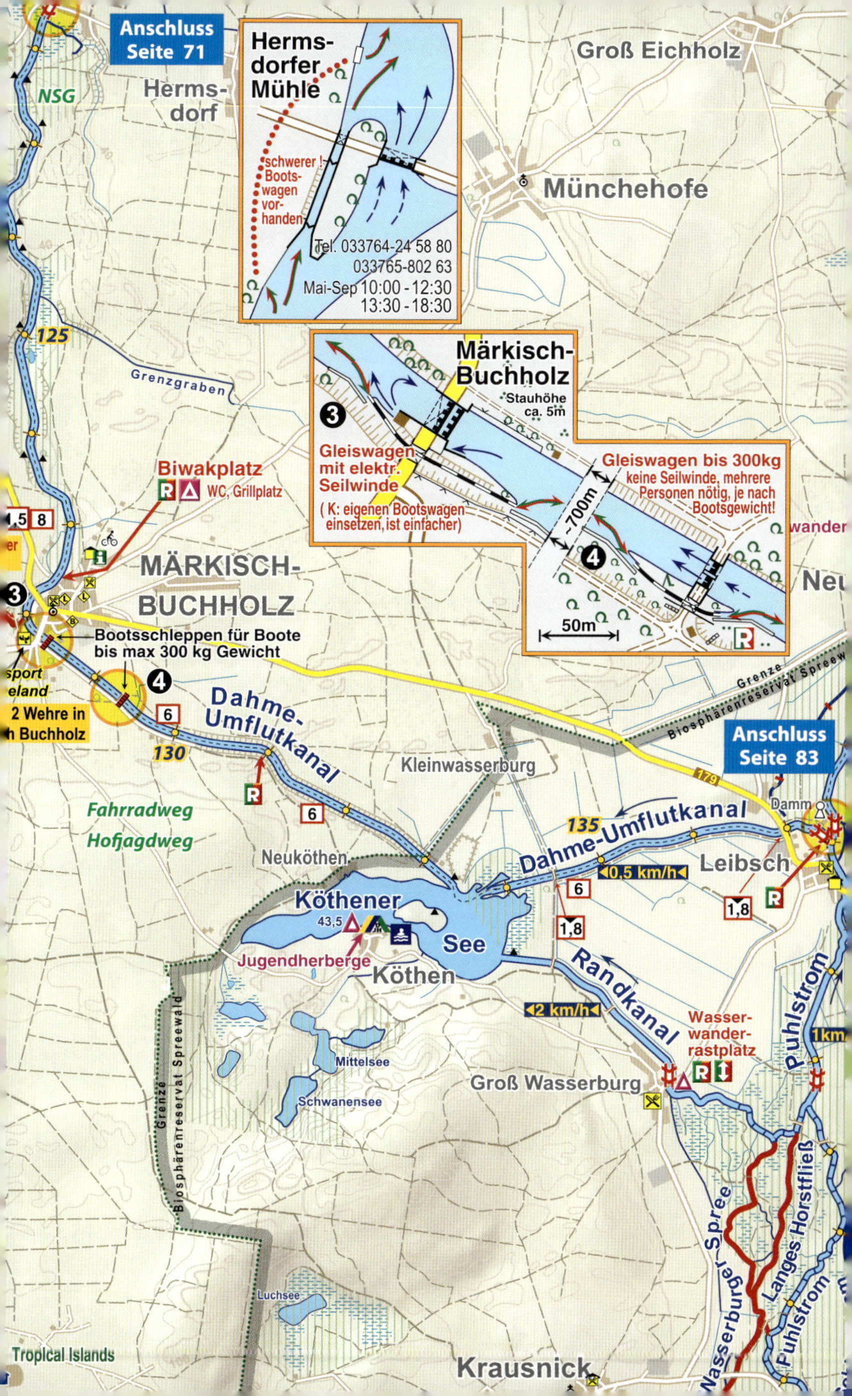

Anschluss Seite 71
Hermsdorfer Mühle
schwerer ! Bootswagen vorhanden
Tel. 033764-24 58 80
033765-802 63
Mai-Sep 10:00 - 12:30
13:30 - 18:30
Groß Eichholz
Münchehofe
Hermsdorf
NSG
125
Grenzgraben
Märkisch-Buchholz
Stauhöhe ca. 5m
Gleiswagen mit elektr. Seilwinde
(K: eigenen Bootswagen einsetzen, ist einfacher)
Gleiswagen bis 300kg keine Seilwinde, mehrere Personen nötig, je nach Bootsgewicht!
~700m
50m
Biwakplatz
WC, Grillplatz
MÄRKISCH-BUCHHOLZ
Bootsschleppen für Boote bis max 300 kg Gewicht
2 Wehre in
Buchholz
Dahme-Umflutkanal
130
Kleinwasserburg
Anschluss Seite 83
Grenze Biosphärenreservat Spreewald
179
Damm
135
Dahme-Umflutkanal
Leibsch
0,5 km/h
Fahrradweg
Hofjagdweg
Neuköthen
Köthener See
43,5
Jugendherberge
Köthen
Randkanal
2 km/h
Wasser-wander-rastplatz
Puhlstrom
1km
Mittelsee
Schwanensee
Groß Wasserburg
Grenze Biosphärenreservat Spreewald
Wasserburger Spree
Langes Horstfließ
Puhlstrom
Luchsee
Tropical Islands
Krausnick

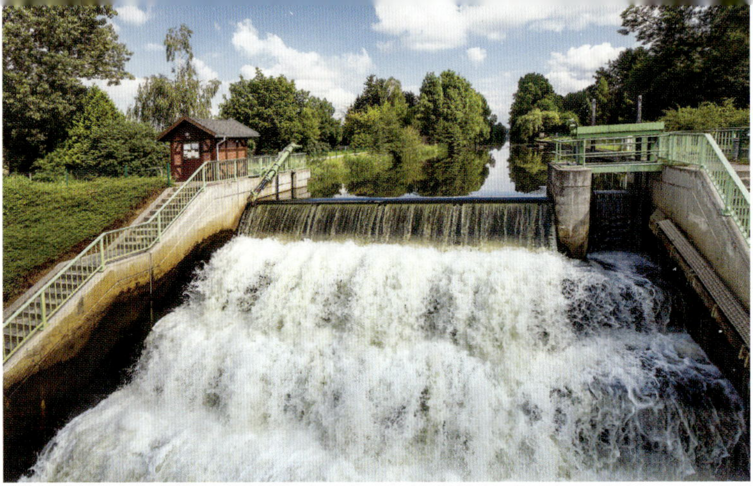

In Märkisch Buchholz rauscht das Wasser aus dem Dahme-Umflutkanal über ein mächtiges Kaskadenwehr in die Tiefe

km 128,4
(DaW-km 40,4)

Kaskadenwehr ❸
Märk. Buchholz
Bootsschleppe

km 129,4
(DaW-km 41,4)

Wehr Dahme- ❹
Umflutkanal
umtragen

Hinter der Brücke wartet jetzt etwas Arbeit. Das imposante Kaskadenwehr in **Märkisch Buchholz** ist zwar mit einer Bootsschleppe samt elektrischer Seilwinde ausgestattet, aber die Bedienungsanleitung ist so kompliziert, dass man besser mit dem eigenen Bootswagen umträgt und dann ihn am besten gar nicht erst verstaut, denn das zweite Wehr wartet in nur knapp 1 Kilometer Entfernung. Hier entlang verläuft auch der landschaftlich sehr schöne **Radweg „Hofjagdweg“** *(siehe Seite 78)*.

Mit dieser Portage ist der ***Dahme-Umflutkanal*** erreicht, *der zu Beginn des 20. Jh. angelegt wurde und eine wichtige Rolle bei der Versorgung Berlins mit landwirtschaftlichen Produkten aus dem Spreewald spielte. Noch zu Beginn der 1930er Jahre wurde hier Gemüse per Spreewaldkahn für den Verkauf auf den Berliner Märkten verschifft.*

Tief in einen Kiefernwald eingeschnitten, führt der Wasserlauf in südöstliche Richtung und nachdem die letzten Wochenendhäuser zurückgeblieben sind, wird es bald einsam und schließlich ist der ***Köthener See*** erreicht.

Nur eine kurze Stippvisite macht die Märkische Umfahrt auf dem See ein Stück das Nordufer entlang, bevor sie wieder im Kanal verschwindet.

km 133,5
(DaW-km 45,5)

Unter den Naturliebhabern ist der ***Köthener See*** ein Geheimtipp, gibt es doch hier eine der größten Fischreiherkolonien Europas.

Wegen der am Südufer gelegenen *Jugendherberge Köthener See*, wo auch *gezeltet* werden darf, ist der See oft Ziel jugendlicher Wasserwanderer.

Jugendherberge Köthener See
(033765) 805 55

Über den am Südostufer abzweigenden ***Randkanal*** könnte man zum Wasserwanderrastplatz in **Groß Wasserburg** und von dort weiter zum ***Puhlstrom*** und in den *Unterspreewald* gelangen.

Der ***Dahme-Umflutkanal*** wendet sich nun Richtung Osten. Die Fahrt wird vom lautstarken Quaken der Frösche im ***Sumpfgebiet*** nebenan begleitet. Unter der Straßenbrücke der B 179 vor **Leibsch** „parken" einige Spreewaldkähne und oberhalb des Ufers gibt es einen überdachten ***Pausenplatz***.

km 134

km 137

R

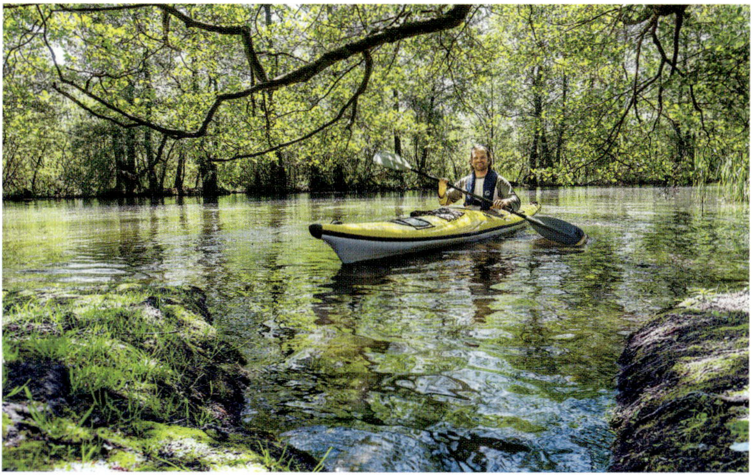

Der befestigte, aber meist total überwucherte und sehr naturbelassen wirkende Dahme-Umflutkanal hat die Aufgabe, den Spreewald vor Hochwasser zu schützen und die Schiffbarkeit der Dahme zu ermöglichen

km 138
(DaW-km 50,1)

Der Vorgänger der vor uns liegenden mächtigen ***Doppelwehranlage*** *wurde 1909-11 zur Regulierung des Wasserstands der Spree errichtet. Die* ***historischen Schleusentore*** *sind als* ***technisches Denkmal*** *auf dem Gelände neben der Ostschleuse zu sehen.*

Doppelschleuse Leibsch, SB

Die erste Schleuse der *Doppelschleuse Leibsch* hat die Aufgabe den Paddler auf das Niveau des aus dem Unterspreewald kommenden ***Puhlstroms*** zu heben, während die zweite ihn auf das Niveau der ***Spree*** in Richtung Beeskow bringt. Bei beiden Schleusen handelt es sich um *manuelle Selbstbedienungsschleusen.*

Abstecher nach Leibsch

Gaststätte Spreeblick
(035473) 816 00

Pension am Spreeufer
(035473) 315

Zwischen den beiden Schleusen sind es nur einige Paddelschläge nach rechts zum 260-Einwohner-Dorf **Leibsch**, das quasi das nördliche Tor zum ***Spreewald*** darstellt. Auf der Uferterrasse der *Gaststätte Spreeblick* kann man wunderbar einkehren oder von hier weiter in den Unterspreewald paddeln. Ein kurzes Stück entfernt, noch vor der Straßenbrücke, bietet die *Pension am Spreeufer* eine Übernachtungsmöglichkeit.

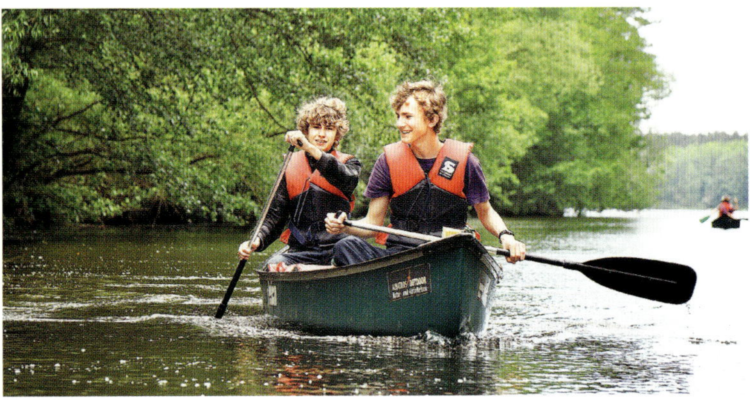

Eine Entdeckungsfahrt auf dem buchtenreichen Neuendorfer See macht großen Spaß

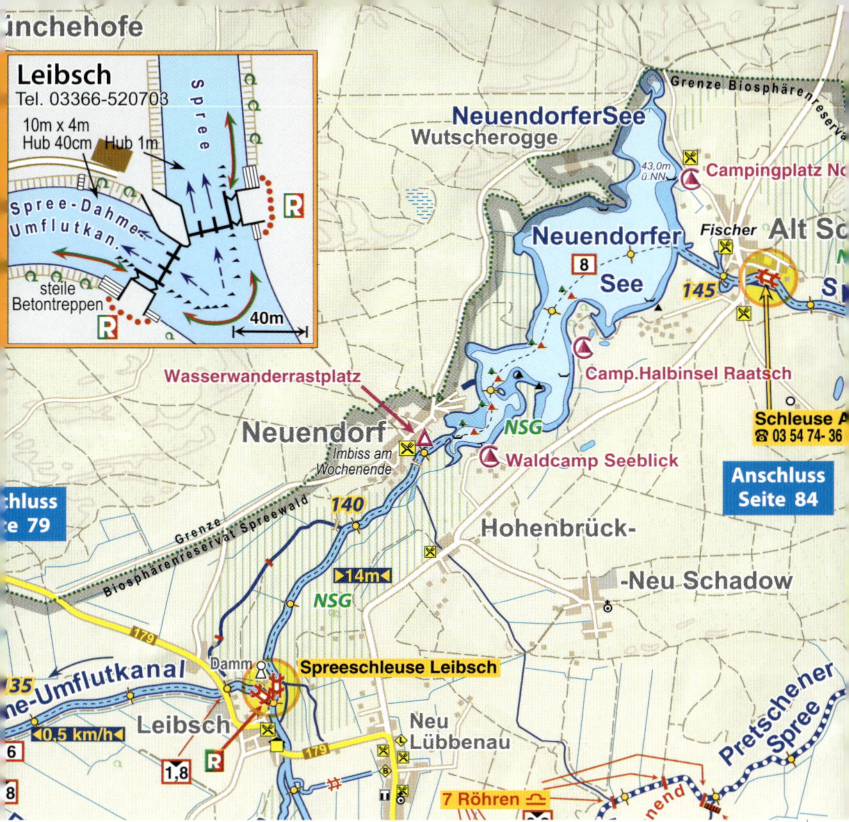

An der Doppelschleuse Leibsch sind nun die neun Kilometer „gegen die Strömung“ bewältigt und für die Fortsetzung der ***Märkischen Umfahrt*** geht es nordwärts und hinter der zweiten Schleuse mit Unterstützung einer leichten Strömung Richtung Neuendorfer See.

km 141

Die ***Hauptspree*** wendet sich nach Nordosten und führt als etwa 15 Meter breiter Wiesenfluss bis **Neuendorf am See**, wo die Gemeinde einen kostenpflichtigen *Wasserwanderrastplatz* unterhält. Ein Sanitärgebäude ist vorhanden.

WWR Neuendorf

An Wochenenden und Feiertagen bietet der kleine *Imbiss-Biergarten Spreeparadies* nebenan sonnige Plätzchen direkt am Spreeufer.

Biergarten
am Wochenende

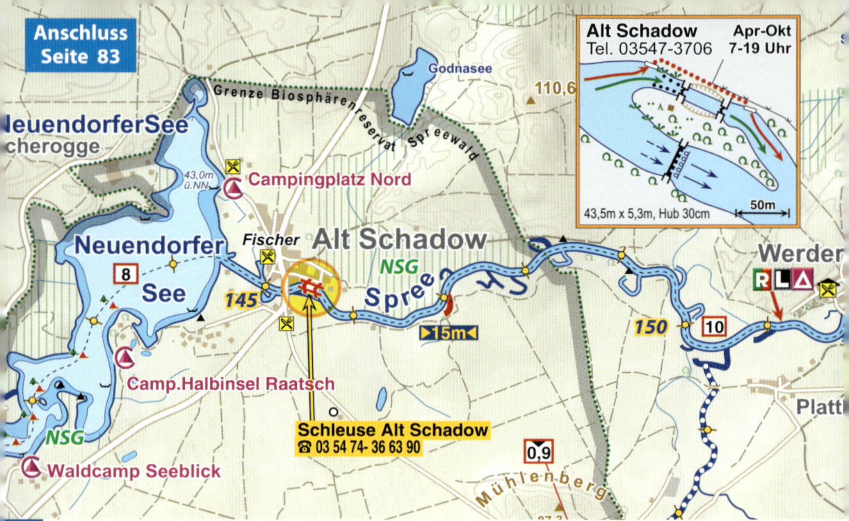

km 141,5

Waldcamp Seeblick
(035473) 694

Einen Steinwurf entfernt ist auch schon der buchtenreiche ***Neuendorfer See*** erreicht, gleich rechts liegt das ***Waldcamp Seeblick,*** einer von drei Campingplätzen am See. Vorbei an der ***Halbinsel Sölla***, einem ***Naturschutzgebiet*** mit Feuchtwiesen und einer kleinen Insel, geht es über das 300 Hektar

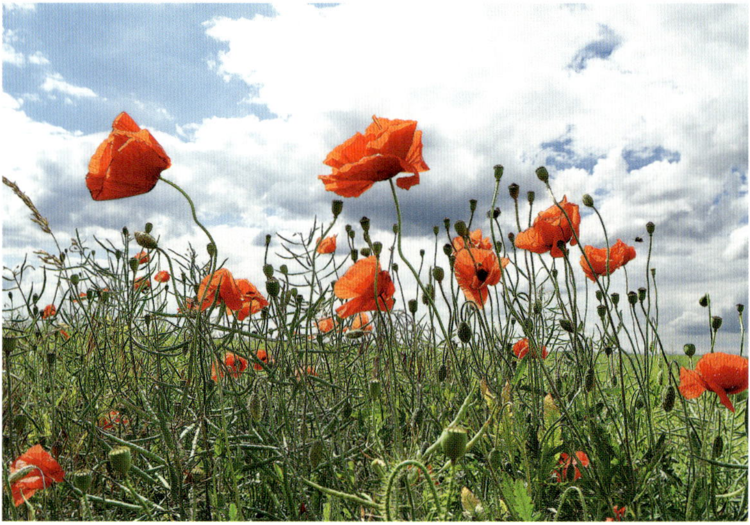

Sommeridylle in den artenreichen Naturschutzgebieten entlang der Spree

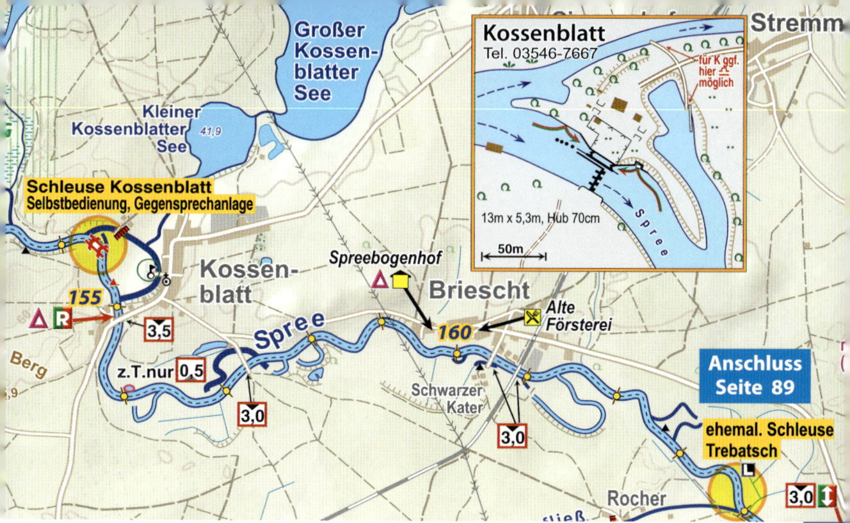

große, fischreiche Gewässer. Hinter den flachen Ufern erstrecken sich ausgedehnte Kiefernwälder.

Den auf der ***Halbinsel Raatsch*** gelegenen 100.000 Quadratmeter großen *Campingpark Raatsch* lassen wir rechts liegen und sehen vor uns am Ostufer den von Fischreusen flankierten Spreeabfluss, in den wir einfahren.

km 143

Campingpark Raatsch
(035473) 600

Vor der nächsten Brücke bietet links in einem ***Altarm*** die örtliche *Spreewaldfischerei Richter* *(Di-Fr 9-12+13-18, Sa 9-12)* auf dem schönen Wiesengelände frisch geräucherten Fisch an. Auch zwei Ferienhäuser werden hier vermietet.

km 145

Fischerei Richter
(035473) 707

Hinter der *Schleuse* von **Alt Schadow,** die in den kommenden Jahren zusammen mit dem historischen Nadelwehr erneuert werden soll, erstreckt sich linkerhand der Spree das ***NSG Josinskyluch***. Das Niedermoorgebiet mit Feuchtwiesen, Großseggenrieden und Frischwiesen lässt sich gut von Alt Schadow aus zu Fuß oder Rad erkunden.

km 145,5

Schleuse Alt Schadow
Apr-Okt tgl. 9-19 zu jeder vollen Std.

NSG

Im folgenden Flussverlauf locken, wo es nicht durch „Einfahrt verboten"-Schilder untersagt ist, verschlungene Altarme zu kleinen Abstechern.

km 149 Zur Linken liegt das weit verzweigte ***Naturschutzgebiet Schwenower Forst*** mit seinen nährstoffreichen Wiesen, Eichen-, Auen- und Moorwäldern. Das Gebiet ist wichtiger Rückzugsort für den Fischotter. Aber auch Bekassine, Fisch- und Seeadler, Rohrdommel und Kranich können, mit etwas Glück, beobachtet werden.

NSG

km 150,5 Von rechts fließt aus dem Spreewald kommend die ***Pretschener Spree*** hinzu, die im Sommer mangels Wasser kaum zu paddeln ist.

km 151,1 Ein gutes Stück vor dem 100-Seelen-Ort **Werder** liegt am linken Ufer der große *Wasserwanderrastplatz* mit Chemietoilette und überdachten Sitzgruppen (kein Trinkwasser).

Wasserwanderrastplatz

km 152 Hinter der eindrucksvollen Holzbrücke in **Werder** zweigt nach links ein Spreearm ab. In dem in der Ortsmitte gelegenen *Spreewaldhotel Matschke* mit großem Biergarten kann man (vorher anmelden!) einkehren und auch im Bett übernachten.

Spreewaldhotel Matschke
(033677) 14 91 11

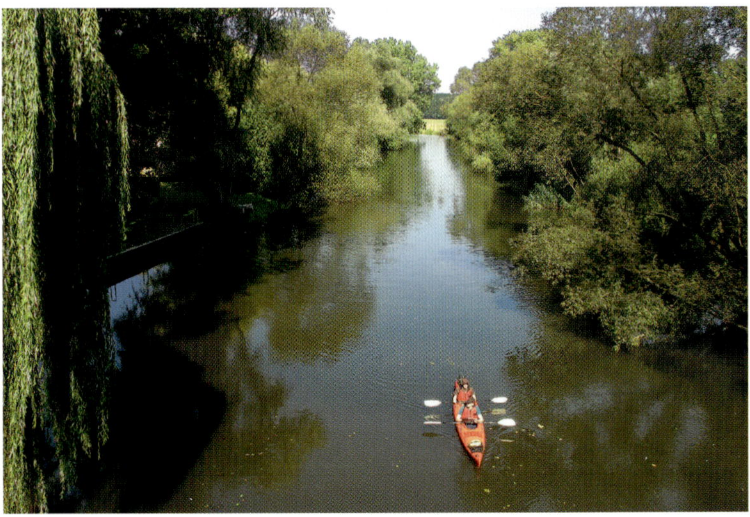

Spree bei Kossenblatt, Blick von der Zollbrücke

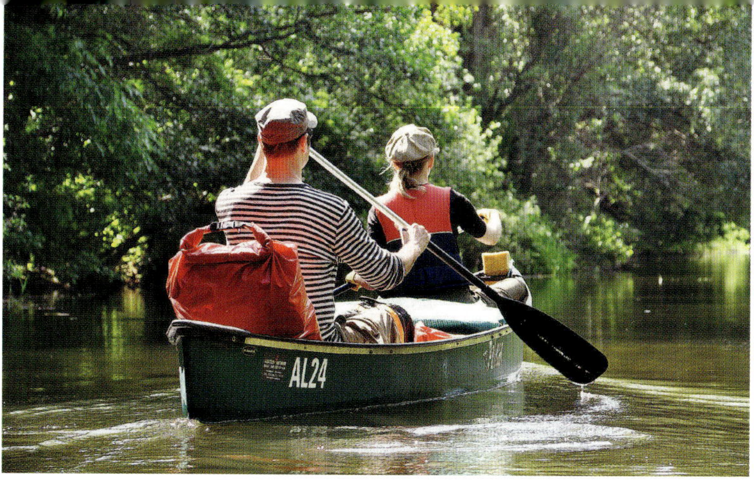

Eine Kanutour auf der Märkischen Umfahrt gehört mit zu den geruhsamsten und schönsten Deutschlands

Nächste Station ist die Automatik-Schleuse Kossenblatt, die während der Schleusenzeiten auf Knopfdruck erfolgt. Die Einfahrt in den Altarm links davon mutet zwar recht idyllisch an, endet aber an einem Wehr, welches dann nur mit größerem Aufwand und nicht ohne Probleme zu umtragen wäre.

km 154,3

SB-Schleuse Kossenblatt
Apr-Anf. Okt
tgl. 8-19

Am rechten Ufer vor der Brücke liegt der nächste, einfache *Wasserwanderrastplatz* (mit Dixi-Klo).

km 155

Wasserwanderrastplatz

Für einen Abstecher in die Ortsmitte von **Kossenblatt** mit dem 1705-1712 erbauten ***Schloss Kossenblatt*** (*das gesamte Areal ist eingezäunt und nicht begehbar*), einer barocken Dreiflügelanlage auf einer Spreeinsel, wendet man sich auf der ***Zollbrücke*** nach links. *Bis 1815 verlief hier die Grenze zwischen Preußen und Sachsen. Jeder Einwohner musste bis 1918 zur Unterhaltung der Brücke und Entlohnung des Brückenwärters eine Brückengebühr in Form eines Brotes entrichten. Vom Schloss Kossenblatt, dem Lieblingsschloss des Soldatenkönigs Friedrich Wilhelm I., weiß Fontane zu berichten: „Es ist ein imposantes Nichts, eine würdevolle Leere – die Dimensionen eines Schlosses und die Nüchternheit einer Kaserne".*

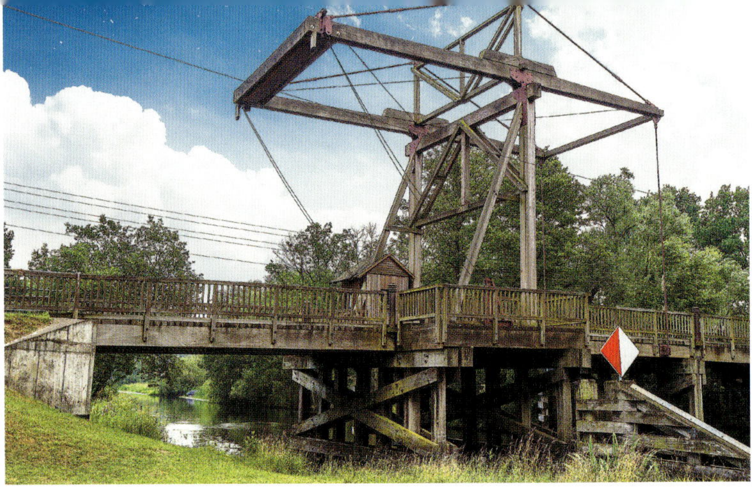

Die knapp 72 Meter lange hölzerne Zugbrücke in Brieschт, die älteste und längste in der Region, wurde nach historischem Vorbild wieder aufgebaut

Ausgewählte Altarme sollen auf dem 22 Kilometer langen Stück zwischen Neuendorfer See und Schwielochsee in den kommenden Jahren wieder an den „Mutterfluss" angeschlossen und so das Gewässer insgesamt in einen ökologisch guten Zustand versetzt werden. Damit soll die Spree, die ehemals den Beinamen ***„Krumme Spree"*** trug, ihrem Namen wieder gerecht werden.

km 160

Spreebogenhof
0172-302 17 36

Das Grundstück vom *Spreebogenhof* in **Briescht** liegt direkt an der Spree und hat einen Steg, um die Kanus aus dem Wasser zu holen. Zwei Ferienwohnungen mit 3-5 und 4-8 Schlafplätzen gibt es *(die kleinere auch für 1 Nacht)*. Zudem kann auf der ***Biwakwiese*** hinter dem Haus das Zelt aufgeschlagen werden. Eine Trockentoilette ist vorhanden.

km 160,5

Alte Försterei
(033674) 427 13
Biergarten & Café
Jun-Aug Mi-Fr 14-18
Sa+So nur zu Veranstaltungen

Etwa 150 m vor der hölzernen **Brieschter** Zugbrücke, die nach historischem Vorbild errichtet wurde, kann man an einem improvisierten Steg am sandigen Ufer links aussetzen, um die denkmalgeschützte *Alte Försterei* mit kleinem ***Landcafé*** und ***Bistro*** zu besuchen. *Ehemals Königliche Försterei, dann Preußische Staatsförsterei und schließlich*

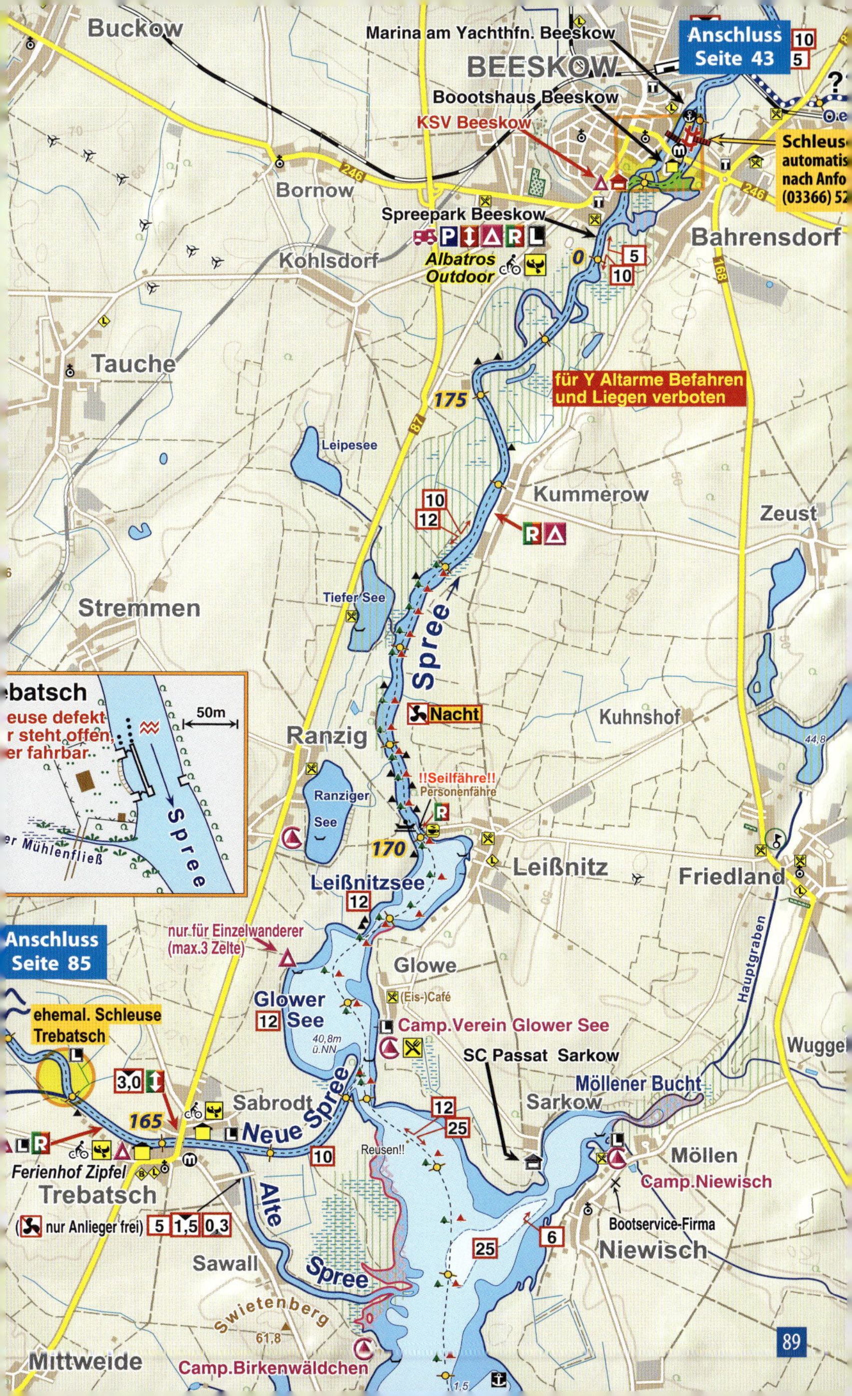

Buckow
Marina am Yachthfn. Beeskow
BEESKOW
Anschluss Seite 43
10
5
Boootshaus Beeskow
KSV Beeskow
Schleus automatis nach Anfo (03366) 52
Bornow
246
Spreepark Beeskow
Albatros Outdoor
0
5
10
Bahrensdorf
Kohlsdorf
168
Tauche
für Y Altarme Befahren und Liegen verboten
175
87
Leipesee
10
12
Kummerow
Zeust
Tiefer See
Stremmen
Spree
Nacht
Kuhnshof
44,8
ebatsch
euse defekt
r steht offen
er fahrbar
50m
Spree
er Mühlenfließ
Ranzig
Ranziger See
!!Seilfähre!!
Personenfähre
170
Leißnitz
Friedland
Leißnitzsee
12
nur für Einzelwanderer (max.3 Zelte)
Anschluss Seite 85
Glowe
(Eis-)Café
Glower See
12
40,8m ü.NN
Camp.Verein Glower See
ehemal. Schleuse Trebatsch
SC Passat Sarkow
Wugge
3,0
Sabrodt
Möllener Bucht
Hauptgraben
Sarkow
165
Neue Spree
12
25
10
Reusen!!
Möllen
Ferienhof Zipfel
Camp.Niewisch
Trebatsch
Alte Spree
(nur Anlieger frei) 5 1,5 0,3
6
25
Bootservice-Firma
Niewisch
Sawall
Swietenberg
61,8
Mittweide
Camp.Birkenwäldchen
1,5

Brandenburgische Försterei, dient sie heute als Ort der Kunst & Kultur. In der Theaterscheune finden Konzerte, Theater- oder Filmvorführungen, Ausstellungen sowie Lesungen statt *(zelten auf Anfrage)*. Eine original ***Pariser Bar*** bringt sogar etwas Metropolen-Flair auf das Brandenburger Land.

km 164,5

Wasserwanderrastplatz

Vorbei an der ***stillgelegten Schleusenkammer*** von **Trebatsch**, die unaufhaltsam von der Natur zurückerobert wird, ist der ***Wasserwanderrastplatz*** am westlichen Ortsende erreicht. *Burgwallreste und der slawische Name erinnern daran, dass Trebatsch einst eine slawische Kult- und Wohnstätte war.*

km 165

Ferienhof Zipfel
(033674) 50 18

Am rechten Ufer vor der Brücke bietet der freundliche ***Ferienhof Zipfel*** günstige Zimmer und die Möglichkeit das Zelt aufzuschlagen. Gäste können hier auch ein Kanu oder Rad mieten.

km 165,1

Ludwig-Leichhardt- Museum
0175-968 30 70
Besichtigung nur nach Voranmeldung

Im 600-Seelen Dorf **Trebatsch** gibt es nur noch die ***Bäckerei Hacker***, die fußläufig zu erreichen ist *(an der Brücke anlegen, südwärts halten, 100 m nach der Kirche)*. Hier gibt es neben Kaffee und Kuchen auch Softeis und ein Miniangebot an Lebensmitteln. Aber als besondere Attraktion bietet der Ort das ***Ludwig-Leichhardt-Museum***.

Pension Pawlak
01522-312 40 94

Hinter der Brücke am linken Ufer erstreckt sich das weitläufige Wiesengrundstück der ***Pension Pawlak*** mit eigener Bootsanlegestelle. Auch hier können Gäste aktiv sein und ein Kanu oder Rad mieten.

i Ludwig Leichhardt (1813-1848)

Der in Trebatsch geborene Entdecker, Zoologe, Botaniker und Geologe Ludwig Leichhardt reiste 1842 erstmals nach Australien, um den zu dieser Zeit nahezu unbekannten Kontinent zu erkunden und erwarb sich durch seine akribischen Forschungen den Beinamen „Humboldt Australiens". Anlässlich seines 175. Geburtstages wurde 1988 das Ludwig-Leichhardt-Museum mit vier Ausstellungsräumen eröffnet. Ludwig Leichhardt starb vermutlich 1848 während einer Expedition durch Zentralaustralien.

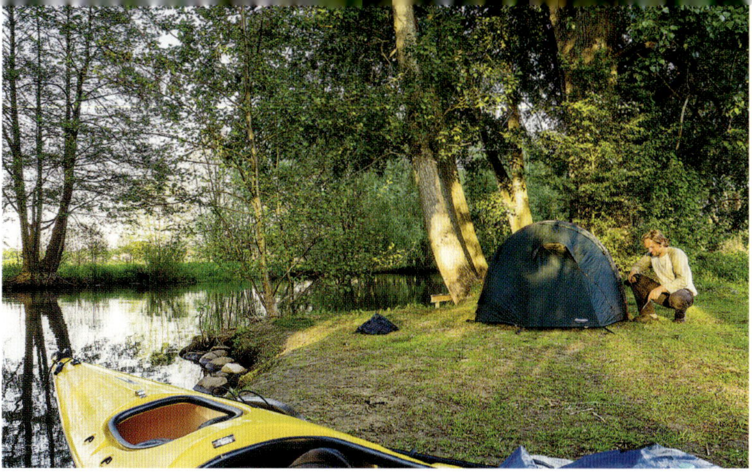

Abendliche Stille auf dem ruhig gelegenen Wasserwanderrastplatz Trebatsch

Entlang der Ufer liegen nun vermehrt Motorboote vertäut – der ***Schwielochsee*** ist nicht mehr weit.

Bald hinter Trebatsch biegt die ***Spree*** nach Norden ab und führt zum nördlichsten Zipfel des riesigen ***Schwielochsees*** am Übergang zum ***Glower See***. Richtung Süden öffnet sich der langgestreckte ***Schwielochsee*** *(siehe Seite 93)*.

km 167

Für den Weg zurück nach Beeskow wendet man sich jedoch nach links und paddelt Richtung ***Glower See*** und ***Leißnitzsee*** gen Norden.

Am Ostufer des ***Glower See*** liegt der paddlerfreundliche Campingplatz des *Campingvereins Glower See (auch Fahrradvermietung)*, nebenan das *Eiscafé & Restaurant „Glower Eck"* *(Di Ruhetag)*.

km 167,5

Campingverein Glower See
(033676) 262

Am Ende des ***Leißnitzsees*** verengt sich die Spree wieder. An der kleinen *Fahrrad- & Personenfähre* in **Leißnitz** bietet ein *Imbiss* die Möglichkeit zur Stärkung für die letzten Kilometer bis Beeskow.

km 170

Achtung Seilfähre: Bei Fährbetrieb **unbedingt am 2. Schild anhalten** und vor der Weiterfahrt vergewissern, dass die Fähre gerade nicht verkehrt. **Es hat hier Unfälle gegeben!**

!!

Bei Fährbetrieb gespanntes Seil!

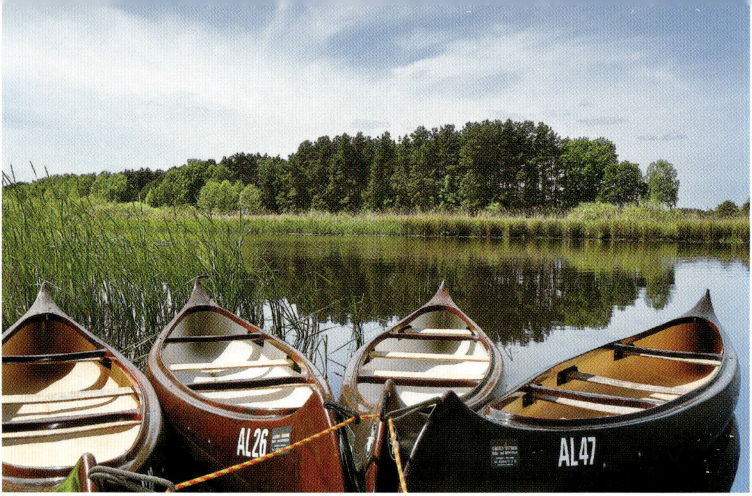

Letzte Rast bei Kummerow

Die Spree präsentiert sich nun mit einer Entfernung von etwa 100 Metern zwischen rechtem und linkem Ufer, je nach Blickwinkel als breiter Strom oder schmaler See.

km 173,7

WWR Kummerow

Die letzte gute Rastmöglichkeit auf dem Weg zurück nach Beeskow bietet knapp vier Kilometer weiter der *Wasserwanderrastplatz* in **Kummerow**.

Auf den verbleibenden Kilometern zeigt sich die ***Spree*** noch einmal recht einsam und urig. Der Flusslauf wird wieder schmaler, erweitert sich mitunter seenartig und hin und wieder zweigen Altarme ab.

km 177,2

Spreepark Beeskow
01520-889 52 90

Albatros Outdoor
Natur- & AktivReisen
(033675) 72 89 61
0151-41 82 33 81

KSV Beesk. Spree

Der hoch über dem linken Ufer aufragende Ziegelschornstein und Stimmen ausgelassener Kinder und Jugendlicher im ***Freibad*** kündigen den *Spreepark* in **Beeskow** schon von weitem an.

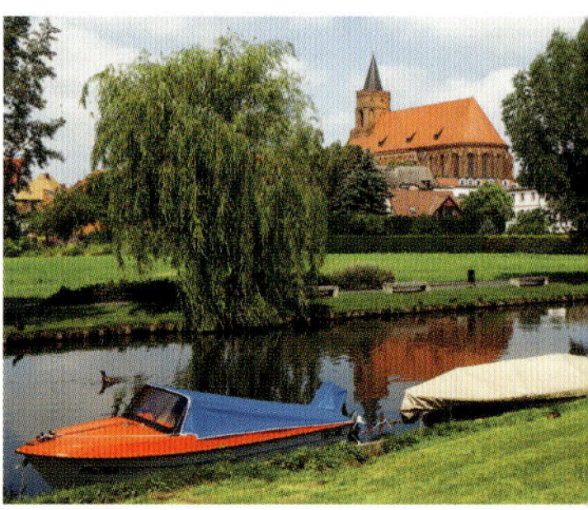

Am Steg kann man die erlebnisreiche Märkische Umfahrt gut beenden.

Der Schwielochsee

Der Schwielochsee ist der größte See im Bundesland Brandenburg und untergliedert sich in den im Norden gelegenen Großen Schwielochsee mit einer Länge von sechs Kilometern und den etwa zwei Kilometer langen Kleinen Schwielochsee im Süden.

Seine Entstehung ist auf die eiszeitlichen Veränderungen zurückzuführen, Findlinge skandinavischer Herkunft zeugen davon. Im 18. und 19. Jahrhundert hatte der See für die Spreewaldregion große Bedeutung, denn Schiffe von den Ostsee- und Nordseehäfen mit Waren wie Tran, Steinkohle, Getreide oder Wolle wurden in Goyatz umgeschlagen und die Güter mit der Pferdebahn weiter verfrachtet.

Rings um den See sind zahlreiche Erholungsgebiete, Badestrände und Einkehrmöglichkeiten zu finden. Die touristischen Zentren sind Goyatz und Jessern ganz im Süden des Kleinen Schwielochsees.

Der Schwielochsee eignet sich gut für einen Abstecher oder eine Umrundung mit dem Kanu. Aufgrund der großen Wasserfläche ist bei stärkerem Wind naturgemäß Vorsicht geboten. Bei den üblicherweise vorherrschenden Nordwest-Winden ist eine Befahrung dicht am Westufer aber meist möglich, problematisch und gefährlich wird die Tour vor allem bei stärkeren Südwinden, wie sie oft im Frühjahr und Herbst auftreten.

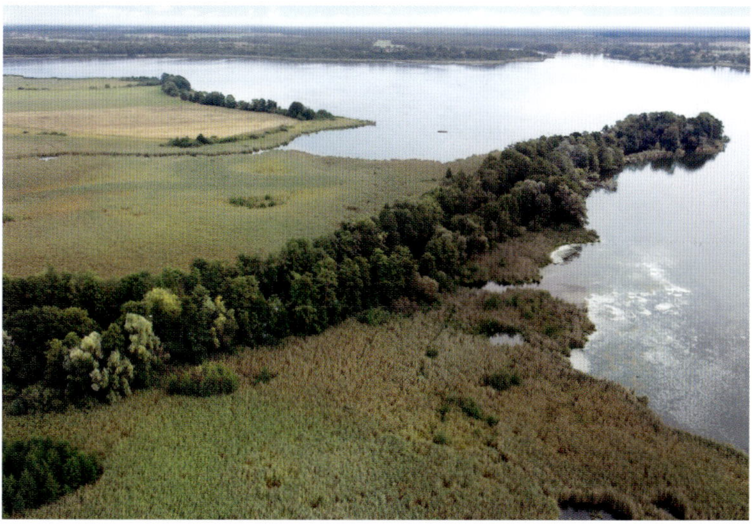

Adressen – *alle in alphabetischer Ortsreihenfolge*

Übernachtung in Wassernähe

Alt Schadow (15913 Märkische Heide) / Neuendorfer See

Campingpark Halbinsel Raatsch, Halbinsel Raatsch 1, Tel. (035473) 600, www.halbinsel-raatsch.de

Spreewald Camping Nord, Neuendorfer Straße, Tel. (035473) 621, www.spreewaldcamping-nord.de

Beeskow

Spreepark, Bertholdplatz 6, Tel. 01520-889 52 90, www.spreepark-beeskow.de

Boootshaus - Am Spreeufer, Uferstr. 18 d, Tel. (03366) 261 95, www.boootshaus.de

Kanusportverein Beeskow „Spree" e.V., DKV-Station, Gartenstraße 6a, www.kanuverein-beeskow.de

Berkenbrück

Wasserwanderrastplatz, Tel. (033634) 691 69

Landgasthof Spreetal, Dorfstr. 33, Tel. (033634) 691 69, www.landgasthof-spreetal.de

Bindow (15712 Königs Wusterhausen) / an der Dahme

Bootshaus Bindowbrück (Zeltwiese), Bindowbrück 1, Tel. (033767) 12 58 32 oder 01578-310 32 61, www.bootshaus-bindowbrueck.de

Briescht (15848 Tauche)

Spreebogenhof, Dorfstr. 51, Tel. 0172-302 17 36, spreebogenhof.jimdofree.com

Dolgenbrodt (15754 Heidesee)

Gasthaus Kober, Tel. (033767) 30 84 30, www.gasthaus-kober.de

Erkner

Ruderverein Wasserfreunde Erkner e.V., Zur Buhne 11-14, Tel. (03362) 32 59, www.rv-wasserfreunde-erkner.de

Kellings Schifferstube, Uferstr. 20, Tel. (03362) 47 91, www.kellings-schifferstube.de

Bootshaus Burchardt, Werftstr. 9, Tel. 01577-348 65 63, www.bootshaus-erkner.de

Kanu Club Erkner, Zur Buhne 15, Tel. (03362) 59 03 09, www.kc-erkner.de

Fürstenwalde

Ruderclub Fürstenwalde, (Zeltmöglichkeit & Übernachtung im Bootshaus), Altstadt 25, Tel. (03361) 739 48 82 od. (033634) 691 65, www.rcf-ev.de

Haus am Spreebogen, Altstadt 27, Tel. (03361) 59 63 40, www.haus-am-spreebogen.de

Glowe (15848 Friedland)

Pension Glower Eck, Glowe 8, Tel. (033676) 53 12, www.eiscafe-glower-eck.de

Campingverein Glower See, Tel. (033676) 262, www.glowecamping.de

Gosen-Neu Zittau

Campingplatz Jägerbude, Jägerbude, Tel. (03362) 88 80 84, www.lela24.de

Gräbendorf (15754 Heidesee)

Campingplatz D66 am Schmöldesee, Tel. (033768) 502 53, www.campingplatzd66.de

Hangelsberg

KSS KanuSport Spree (Kanustation Hangelsberg, Zimmervermietung & Kanuladen), Bahnhofstraße 1, Tel. (033632) 67 97 14 und 59 53 59, www.kanu-spree.de

Hohenbrück (15913 Märkische Heide) / Neuendorfer See

Waldcamp „Seeblick", Am Strand 3, Tel. (035473) 694, www.waldcampseeblick.de

Kablow (Krüpelsee)

Ferienhof Herzfeld, Dorfaue 7, Tel (03375) 29 29 39, www.ferienhof-herzfeld.de

Königs Wusterhausen / Zernsdorfer Lankensee

Campingplatz Lankensee, Friedrich-Engels-Straße 159, OT Zernsdorf, Tel. (03375) 29 50 69, www.camping-lankensee.de

Königs Wusterhausen (OT Neue Mühle)

Pension Königs Wusterhausen (Fam. Voss), Kuchenmeister Allee 20, Tel. (03375) 20 48 12, www.pensionkw.de

Köpenick (OT von 12589 Berlin)

DämeritzSeehotel, Kanalstr. 38/39, Tel. (030) 616 74 40, www.daemeritzseehotel.de

Köthen (15748 Märkisch Buchholz)

Jugendherberge Köthener See, auch Zeltmöglichkeit, Dorfstr. 20, Tel. (033765) 805 55, www.jh-koethener-see.de

Kossenblatt (15848 Tauche)

Wasserwanderrastplatz Kossenblatt (kein Trinkwasser, nur Dixi-Klo)

Kummerow (15848 Friedland)

Wasserwanderrastplatz Kummerow (kein Trinkwasser, nur Dixi-Klo)

Leibsch (15910 Unterspreewald)

Pension am Spreeufer, Leibscher Hauptstr. 8, Tel. (035473) 315 oder 01511-563 75 88, www.pensionamspreeufer.de

Märkisch Buchholz

Garni Landhotel Märkisch Buchholz, Wiesenweg 3a, Tel. (033765) 849 06, www.landhotel-mb.de

Wasserwanderrastplatz, *kostenpflichtig, mit Sanitär,* Tel. 01511-514 45 19

Mönchwinkel

Wasserwanderrastplatz (kein Trinkwasser, nur Dixi-Klo)

Neubrück (15848 Rietz-Neuendorf)

Wasserwanderrastplatz

Neuendorf am See (15910 Unterspreewald)

Wasserwanderrastplatz, kostenpflichtig, mit Sanitär

Neuendorfer See / Alt Schadow (15913 Märkische Heide)

Campingpark Halbinsel Raatsch, Halbinsel Raatsch 1, Tel. (035473) 600, www.halbinsel-raatsch.de

Spreewald Camping Nord, Neuendorfer Straße, Tel. (035473) 621, www.spreewaldcamping-nord.de

Neue Mühle (15711 Königs Wusterhausen)

Pension Königs Wusterhausen (Fam. Voss), Kuchenmeister Allee 20, Tel. (03375) 20 48 12, www.pensionkw.de

Neu Zittau (15537 Gosen-Neu Zittau)

Camping & Pension Jägerbude, Tel. (03362) 88 80 84, www.lela24.de

Prieros (15754 Heidesee)

Garni Hotel Cellino, Storkower Allee 4, Tel. 0172-384 65 96, www.radpause-prieros.de

Prieroser Mühle (15754 Heidesee)

Hotel Waldhaus Prieros (Streganzer See), Am Waldhaus 1, Tel. (033768) 99 90, www.hotel-waldhaus-prieros.de

Camping am Mühlenfließ, Zur Alten Försterei 4 , Tel. (033768) 508 99, www.prieros-camping.de

Radinkendorf (15848 Beeskow-Radinkendorf)

Pension Storchennest, Dorfstr. 23, Tel. (03366) 15 35 47, www.p-g-storchennest.de

Raßmannsdorf / Neubrück (OT von 15848 Rietz-Neuendorf)

Alwine - Landhaus an den Spreewiesen, Raßmannsdorf 10 b, Tel. (033672) 72 82 27, www.landhaus-alwine.de

Schmöckwitz (OT von 12527 Berlin) / Zeuthener See

Freizeitsportverein „Zeuthener See", nur zelten, Schmöckwitzer Damm / Jagen 20, Tel. 0172-385 27 34 oder 0176-20 00 29 03, www.fsv-zeuthener-see.com

Waldhotel am See, Schmöckwitzer Damm 1G, Tel. (030) 67 50 40, www.waldhotelamsee.de

Schmöldesee, Gräbendorf (15754 Heidesee)

Campingplatz D66 Schmöldesee, Tel. (033768) 502 53, www.campingplatzd66.de

Schwielochsee (Zaue, 15913 Schwielochsee)

Ferienhaus- & Campingpark „Ludwig Leichhardt", Kontakt: Schwielochsee Tourist GmbH, Tel. (035478) 512, www.camping-am-schwielochsee.de

Schwielochsee Camping Niewisch, Uferweg Nord 16, 15848 Friedland OT Niewisch, Tel. (033676) 51 86, www.camping-niewisch.de

Spreenhagen

Gasthaus Paesch, Hauptstraße 27, Tel. (033633) 216, www.gasthaus-paesch.de

Trebatsch (15848 Tauche)

Ferienhof Zipfel, Zimmer, Camping, Kanu, Fahrräder, Rocherweg 3, Tel.(033674) 5018, www.ferienhof-zipfel.de

Pension Pawlak, Ludwig-Leichhardt-Straße 29, Tel. 01522-312 40 94

Wasserwanderrastplatz Trebatsch, kein Trinkwasser

Werder/Spree (15848 Tauche) / Unterspreewald

Spreewaldhotel Matschke, Restaurantbetrieb z.T. nur auf Anfrage, am besten vorher anmelden, Anger 29, Tel. (033677) 14 91 11, www.www.spreewaldhotel-werder.de

Wasserwanderrastplatz Werder, kein Trinkwasser, nur Dixi-Klo, Achtung keine Gaskocher / offenes Feuer erlaubt wegen Waldbrandgefahr

Woltersdorf / Flakensee

Campingplatz Flakensee, Fangschleusenstr. 40, Tel. (03362) 88 83 57, www.campingplatz-flakensee.de

Zernsdorf (15712 Königs Wusterhausen)

Camping Lankensee D69, Friedrich-Engels-Str. 159, Tel. (03375) 29 50 69, www.camping-lankensee.de

Zeuthener See (Zeuthen / Wildau)

Pension Gino, Fontaneallee 55, Tel. 0176-61 39 62 10, www.gino-pension.de

Kanuvermieter

Beeskow

Albatros Outdoor Natur- & AktivReisen, Bertholdplatz 6, Spreepark Beeskow, Tel. (033675) 72 89 61 oder 0151-41 82 33 81, www.albatros-outdoor.de

Erkner

Badebar Erkner, Am Dämeritzsee 2, Tel. 0176-507 000 28, www.badebar.com

Bootshaus Burchardt, Werftstr. 9-10, Tel. 01577-348 65 63, www.bootsverleih-wolzig.de

Fürstenwalde /Spree

Bootsverleih Fürstenwalde, Uferstr. 25, Tel. 01525-310 76 88, www.bootsverleih-fuerstenwalde.de

Gosen-Neu Zittau

Spreeboard, Am Spreebord 119, Tel. 0176-83 688 688, www.spreeboard.de

Hangelsberg (OT von 15537 Grünheide)

KSS KanuSport Spree (Kanuvermietung, Kanuladen, Testboote, Zimmervermietung), Bahnhofstr. 1, Tel. (033632) 67 97 14, www.kanu-spree.de

Königs Wusterhausen

Koenigsboot, Schloßstraße 5-6, Tel. 0152-616 88 97, www.koenigsboot.de

Märkisch Buchholz

Kanusport Dahmeland, Eisenbahnstr. 12, Tel. (033765) 805 07 od. 0172-319 62 53, www.kanusport-dahmeland.de

Prieros (OT von 15754 Heidesee)

Wassersport Vollandt, Prieroser Dorfaue 12, Tel. (33768) 506 57, www.wassersport-vollandt.de

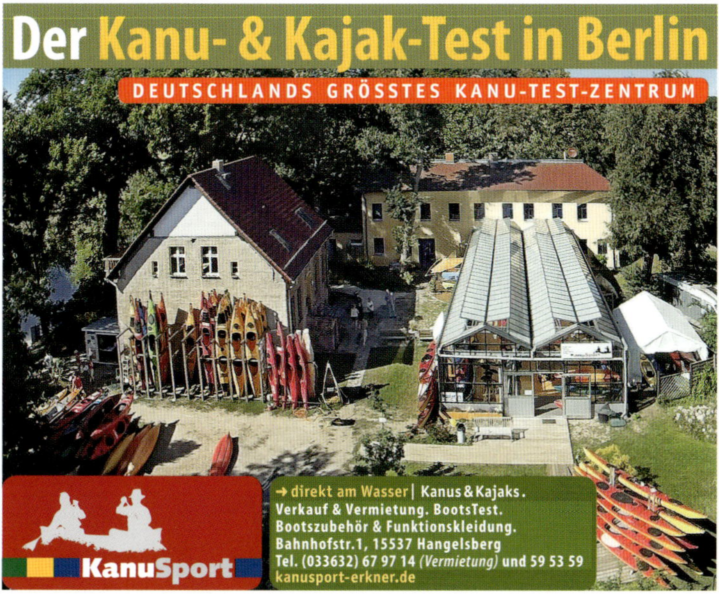

Veranstalter Kanu- & Outdoortouren

Beeskow

Albatros Outdoor Natur- & AktivReisen, Bertholdplatz 6, Spreepark Beeskow, Tel. (033675) 72 89 61 oder 0151-41 82 33 81, www.albatros-outdoor.de

Hangelsberg

KanuSport Spree, Bahnhofstraße 1, Tel. (033632) 67 97 14, www.kanu-spree.de

Märkisch Buchholz

Kanusport Dahmeland, Eisenbahnstr. 12, Tel. (033765) 805 07 oder 0172-319 62 53, www.kanusport-dahmeland.de

Teupitz OT Egsdorf

outdoorVAGABUNDEN, (auch Kanuschule, zertifizierter BV Kanu-Lehrer), Chausseestr. 8, Tel. (033766) 21 42 86 oder 01520-853 16 52, www.outdoorvagabunden.de

Pauschalreise „Märkische Umfahrt"

Bei *Albatros Outdoor Natur- & AktivReisen* kann man die Kanutour „Märkische Umfahrt" als Paket inkl. 11 Ü/F in kleinen Hotels & Pensionen buchen. Geeignete Tourenkajaks sind inklusive, Zubehör und Ausrüstung werden zur Verfügung gestellt. Diese Tour ist auch in Teilabschnitten buchbar. Angebot und Terminabsprache nach Anfrage. www.albatros-outdoor.de

Fahrradvermieter

15848 Beeskow

Albatros Outdoor Natur- & AktivReisen, Bertholdplatz 6, Tel. (033675) 72 89 61 oder 0151-41 82 33 81, www.albatros-outdoor.de

15517 Fürstenwalde/Spree

Radprofis am Bahnhof, Am Bahnhof 1, Tel. (03361) 320 19, www.radprofis-am-bahnhof.de

Fahrrad-Füchse (auch E-Bikes), Juri-Gagarin Str. 24, Tel. (03361) 30 83 49 (Bike Shop), Ehrenfried-Jopp Str. 16, Tel. (03361) 314 88 24 (E-Bike Shop), www.fahrrad-fuechse.de

15711 Königs Wusterhausen

Fahrrad König, Cottbuser Straße 45 a, Tel. (03375) 29 58 18, www.fahrrad-koenig.de

Ranzinger-Fahrradservice, Eichenallee 8, Tel. (03375) 29 39 09

Prieros (Ortsteil von 15754 Heidesee)

Ferienwohnung Familie Knop, vermieten bei Verfügbarkeit Räder auch an Nichtgäste, Mühlendamm 2, Tel. 01516-516 04 13, www.ferienwohnung-heidesee.de

Sehenswürdigkeiten & Aktivitäten

Beeskow

Burg Beeskow & Museum, Frankfurter Straße 23, Tel. (03366) 35 27 12, *Apr-Sep Di-So 9-19, Okt-Mär Di-So 11-17,* Tageskarte 8 € /erm. 6 €, www.burg-beeskow.de

Schäferei Erlebniswelt, Lübbener Chaussee 6, Tel. (03366) 261 53, *Mo-Fr 8-16,* ca. 3€, www.awo-erlebnishof-beeskow.de

Flussbadeanstalt im Spreepark Beeskow, Riesenrutsche, Kinderspielplatz, *Jun bis Mitte Sep bei gutem Wetter tgl. 11-18,* www.spreepark-beeskow.de

Naturpark Schlaubetal, schönes Bachtal 23 km südöstlich von Beeskow, kleines Wanderparadies. *2023 soll das Naturparkhaus Schlaubetal /Besucherinfozentrum in Müllrose eröffnet werden,* www.schlaubetal-naturpark.de

Erkner

Gerhart-Hauptmann-Museum, Gerhart-Hauptmann-Str. 1/2, Tel. (03362) 36 63, *Di-So 11-17,* www.hauptmannmuseum.de

Heimatmuseum, Heinrich-Heine-Straße/Ecke Pfälzer Straße, Tel. (03362) 224 52, *Mi, Sa, So 12-16,* 2 €, www.heimatverein-erkner.de

Fürstenwalde

Stadtmuseum, Domplatz 7, Tel. (03361) 21 30, *Apr-Okt Di-So 13-17, Nov-Mär Di-So 13-16,* www.museum-fuerstenwalde.de

Heimattiergarten im Stadtpark, Dr.-Wilhelm-Külz-Str.10 b, Tel. (03361) 45 41, *Apr-Sep Mo-So 9-18, Okt-Mär Mo-So 9-16,* Eintritt 6 /3€, Familien 17,50 €, www.heimattiergarten-fuerstenwalde.de

Regionalmuseum Haus Brandenburg, Parkallee 14 , Tel. (03361) 31 09 52, *Mo-Fr 9-13,* www.haus-brandenburg-fuerstenwalde.de

Brauereimuseum, Am Markt 1, Tel. (03361) 760 08 41, www.brauereimuseum-fuerstenwalde.de

Königs Wusterhausen

Schloss Königs Wusterhausen, Schlossplatz 1, Tel. (03375) 21 17 00, *Besichtigung nur im Rahmen einer Führung, Apr-Okt Di-So 10-17.30, Nov-Mär Sa/So 10-16,* Eintritt 6 € / Familie 12 €, www.spsg.de

Dahmelandmuseum, Schlossplatz 7, Tel. (03375) 29 30 34, *Di-Sa 10-16,* ca. 2 €, www.heimatverein-kw.de

Museum Funkerberg, Sendehaus 1, Tel. (03375) 29 36 01, *Besuch nur nach Voranmeldung,* 5 €, www.funkerberg.de

Gosen-Neu Zittau

Heimatmuseum, Geschwister-Scholl-Str. 72, Tel. (03362) 84 22, *So 14-17 und nach telefonischer Vereinbarung*

Prieros (Ortsteil von 15754 Heidesee)

Heimathaus, Prieroser Dorfaue 1,Tel. (033768) 501 44, *Mai-Sep Mi/Fr 10-16, Sa/So 13-17 und nach Vereinbarung*

Naturpark-Info des Naturparks Dahme-Heideseen, Arnold-Breithor-Str. 8, Tel. (033768) 969 15, *Mär-Okt Di-Fr 10-15*, www.dahme-heideseen-naturpark.de

Trebatsch (Ortsteil von 15848 Tauche)

Ludwig Leichhardt Museum, Sawaller Str. 2 a, Tel. 0175-968 30 70, *nach telefonischer Vereinbarung*

Auskunft & Tourist-Infos

Bad Saarow

Tourismusverband Seenland Oder-Spree e.V., Ulmenstraße 15, Tel. (033631) 86 81 00, www.seenland-os.de

Erkner

Rathaus, Friedrichstr. 6-8, Tel (03362) 79 50, www.erkner.de

Königs Wusterhausen

Tourismusverband Dahme-Seen e.V., Bahnhofsvorplatz 5, Tel. (03375) 25 20 25, www.dahme-seen.de

Fürstenwalde

Fürstenwalder Tourismusverein e.V., Mühlenstraße 1, Tel. (03361) 76 06 00, www.fuerstenwalde-tourismus.de

Schwielochsee OT Goyatz

Tourismus-Entwicklungsgesellschaft Lieberose/Oberspreewald, Am Bahnhof 27, 15913 Schwielochsee OT Goyatz, Tel. (035478) 17 90 90, www.teg-lds.de

Kanuverbände & Kanu-Zeitschriften

Bundesverband Kanu e.V. *(BVKanu),* Gunther-Plüschow-Str. 8, 50829 Köln, Tel. (0221) 59 57 10, www.bvkanu.de

„Wege aufs Wasser" *– Leitfaden für Paddler.* Kostenlose Einsteigerbroschüre vom BVKanu. Zu beziehen über den Thomas Kettler Verlag.

Deutscher Kanu-Verband, Bertaallee 8, 47055 Duisburg, Tel. (0203) 99 75 90, www.kanu.de

Kanu Magazin, Tel. (089) 55 24 10, www.kanumagazin.de

Kajak Magazin, Tel. (07221) 952 10, www.wir-leben-outdoor.de

Magazine

Jahresausgabe ***Tagesspiegel Unterwegs „Brandenburg"*** (Wandern, Baden, Radfahren, Paddeln, Genießen), https://shop.tagesspiegel.de

Jahresausgabe ***tipBerlin „Brandenburg"***, über 950 Tipps für Ausflüge und Abenteuer, https://shop.tip-berlin.de

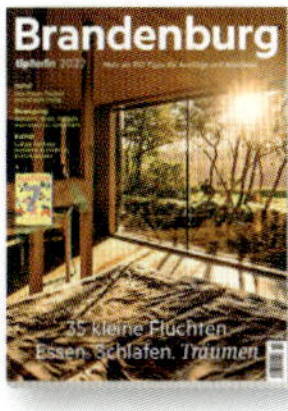

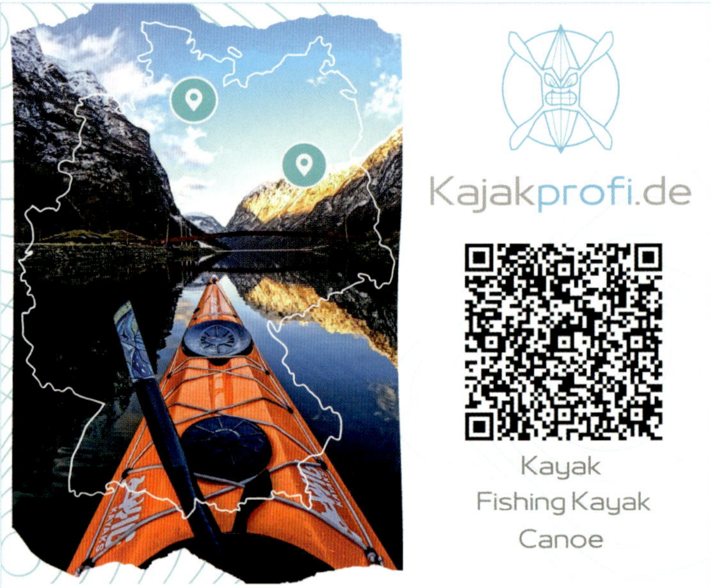
Kajakprofi.de
Kayak
Fishing Kayak
Canoe

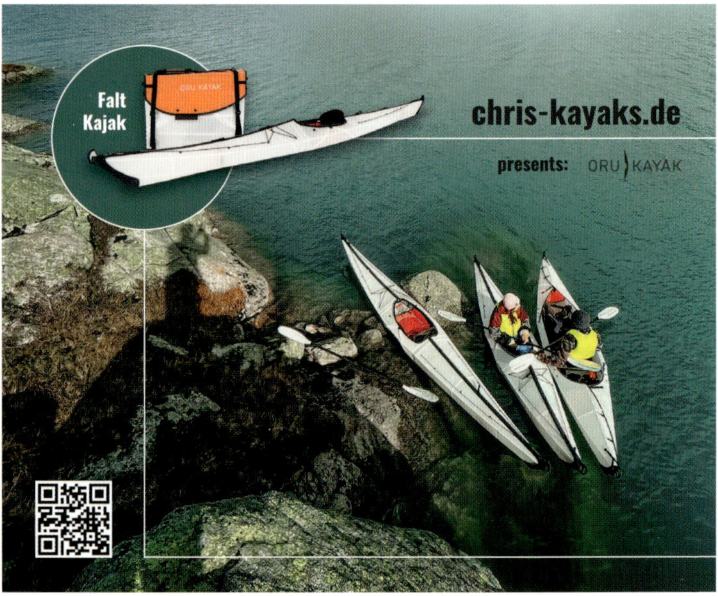
Falt
Kajak
chris-kayaks.de
presents: ORU KAYAK

Mehr Bücher aus der Reihe KANU KOMPAKT

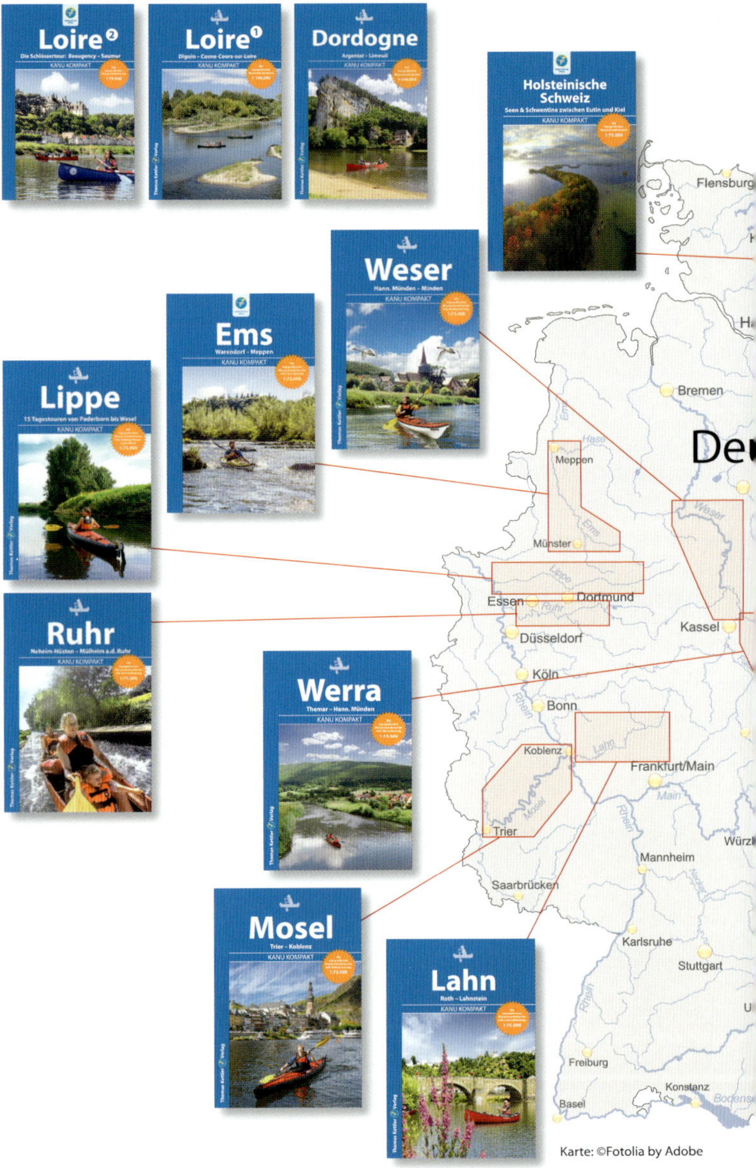

Karte: ©Fotolia by Adobe

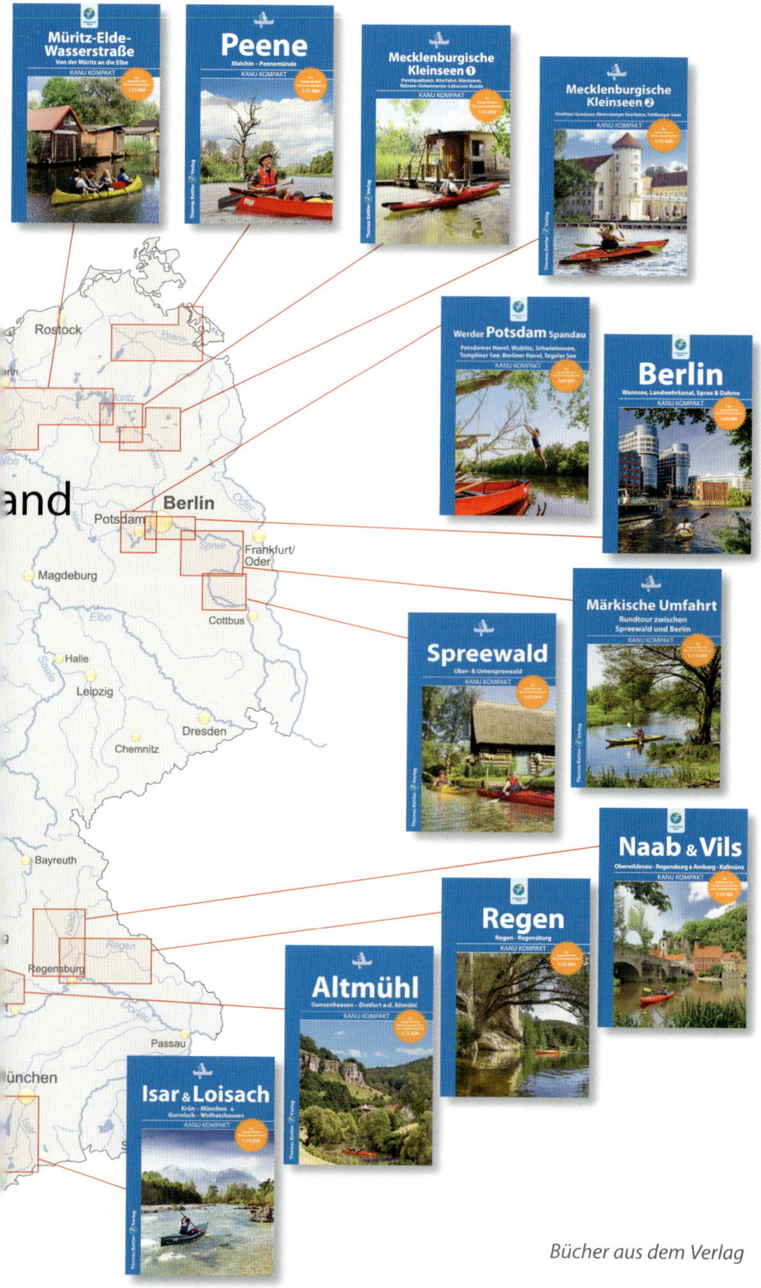
Müritz-Elde-Wasserstraße
Von der Müritz an die Elbe
KANU KOMPAKT
Peene
Malchin – Peenemünde
KANU KOMPAKT
Mecklenburgische Kleinseen 1
KANU KOMPAKT
Mecklenburgische Kleinseen 2
KANU KOMPAKT
Werder Potsdam Spandau
Potsdamer Havel, Wublitz, Schwielowsee, Templiner See, Berliner Havel, Tegeler See
KANU KOMPAKT
Berlin
Wannsee, Landwehrkanal, Spree & Dahme
KANU KOMPAKT
Märkische Umfahrt
Rundtour zwischen Spreewald und Berlin
KANU KOMPAKT
Spreewald
Ober- & Unterspreewald
KANU KOMPAKT
Naab & Vils
Oberwildenau - Regensburg & Amberg - Kallmünz
KANU KOMPAKT
Regen
Regen - Regensburg
KANU KOMPAKT
Altmühl
Gunzenhausen – Dietfurt a.d. Altmühl
KANU KOMPAKT
Isar & Loisach
Krün – München & Garmisch – Wolfratshausen
KANU KOMPAKT
Rostock
Peene
Müritz
Havel
Oder
Berlin
Potsdam
Spree
Frankfurt/ Oder
Magdeburg
Elbe
Cottbus
Halle
Saale
Leipzig
Dresden
Chemnitz
Bayreuth
Naab
Regen
Regensburg
Donau
Passau
Isar

Der Autor

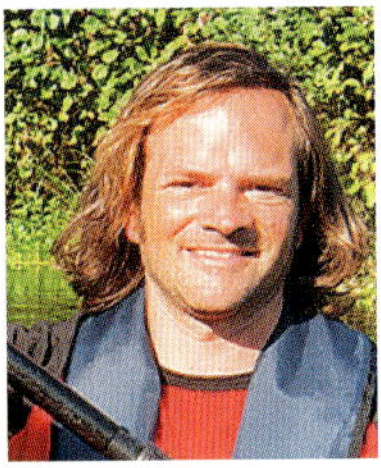

Michael Hennemann

Michael Hennemann ist ausgebildeter fototechnischer Assistent und begeisterter Reisender und Kanusportler. Als Autor und Fotograf ist er seit vielen Jahren auf Reise-, Outdoor- und vor allem Kanuthemen spezialisiert. Mehr über seine Arbeit finden Sie im Internet unter: www.michael-hennemann.de

Jübermann - Kartographie und Verlag

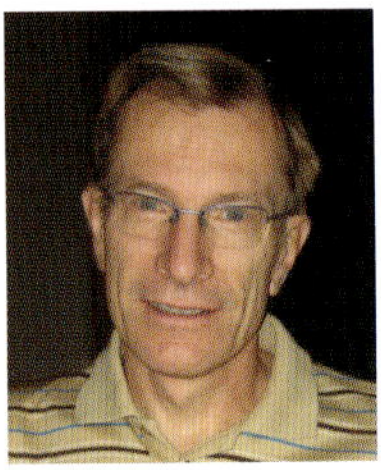

Der ***Jübermann-Verlag*** hat sich auf die Herstellung von Gewässerkarten für Wassersportler spezialisiert. Karten, die im Maßstab 1:100.000 und größer hergestellt werden, sind in bezug auf die Gewässer bzw. Wassersportinhalte im Gelände komplett überprüft. Jeder dargestellte Gewässer-km ist auch per Boot kontrolliert worden. Hier sind keine Schreibtischtäter am Werk, sondern passionierte Wassersportler (Erhard Jübermann z.B. mit ca. 60.000 gepaddelten km), die all ihre Erfahrung weitergeben. www.juebermann.de

Register

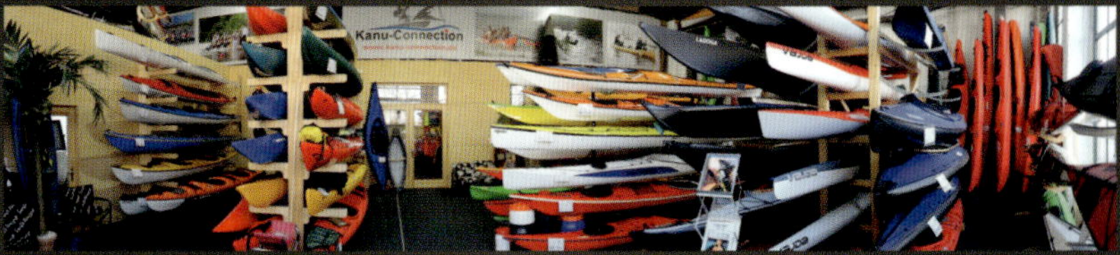

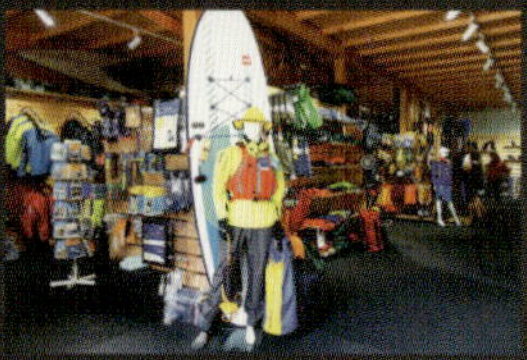

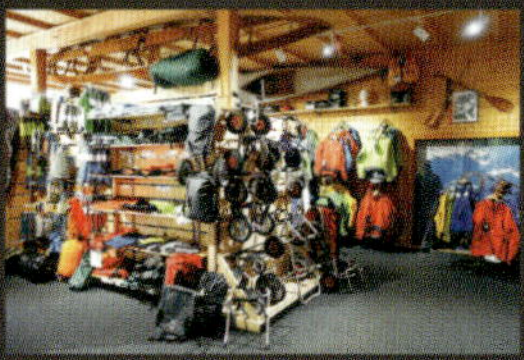

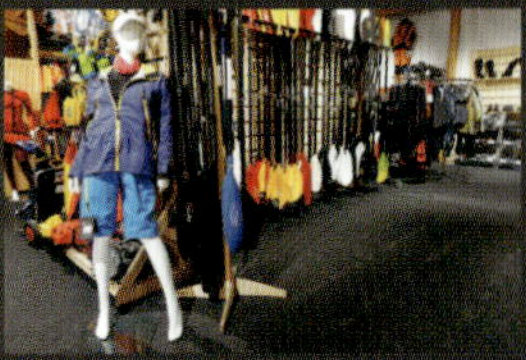